科技向善

从银发、乡村到无障碍的商业新范式

司晓 马永武 编著

电子工业出版社
Publishing House of Electronics Industry
北京·BEIJING

未经许可，不得以任何方式复制或抄袭本书之部分或全部内容。
版权所有，侵权必究。

图书在版编目（CIP）数据

科技向善：从银发、乡村到无障碍的商业新范式 / 司晓，马永武编著 . —北京：电子工业出版社，2022.10

ISBN 978-7-121-44211-7

Ⅰ．①科… Ⅱ．①司…②马… Ⅲ．①商业模式 Ⅳ．① F71

中国版本图书馆 CIP 数据核字（2022）第 154824 号

责任编辑：张春雨　　　特约编辑：田学清
印　　刷：三河市良远印务有限公司
装　　订：三河市良远印务有限公司
出版发行：电子工业出版社
　　　　　北京市海淀区万寿路 173 信箱　　邮编：100036
开　　本：720×1000　1/16　印张：14　字数：185 千字
版　　次：2022 年 10 月第 1 版
印　　次：2022 年 10 月第 1 次印刷
定　　价：89.00 元

凡所购买电子工业出版社图书有缺损问题，请向购买书店调换。若书店售缺，请与本社发行部联系，联系及邮购电话：(010) 88254888，88258888。

质量投诉请发邮件至 zlts@phei.com.cn，盗版侵权举报请发邮件至 dbqq@phei.com.cn。

本书咨询联系方式：(010) 51260888-819，faq@phei.com.cn。

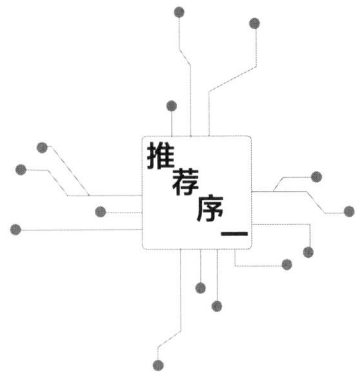

探索社会价值与商业价值共融的路径

腾讯实现新的战略升级,已经有一年多时间了。"可持续社会价值创新"纳入公司核心战略之后,在理念层面和实践层面,给公司和员工带来了很多变化。

这些变化也引发了外界的关注。这一年多来,经常有人问我们:到底什么是社会价值?社会价值创新具体要做什么?它跟商业价值是什么关系?怎样才能做到"可持续"?

企业是社会的一员,受益于社会,也对社会有着相应的责任和义务。过去几十年里,人们对于企业的社会责任已经形成了很多共识。不少企业尤其是上市公司,每年都要发布社会责任报告,说明自己对客户、对员工、对投资人尽到了哪些义务,为当地政府、为自己所在的社区,以及为改善环境承担了哪些责任。

　　社会价值，反映了企业对自身社会角色的深度理解和主动担当。如果说社会责任是社会环境对企业的要求，那么社会价值就是一种价值意识，推动着企业更加积极、自觉地面对社会期待。比如，在全球气候变暖的大背景下，降低温室气体排放，是社会对所有企业的要求。企业因为外界的压力，升级设备、降低能耗，或者去购买绿电指标，以平衡自身排放温室气体所增加的社会成本，以上这些做法还只是停留在履行义务的层面。假如真正认同了节能减排的社会价值，我们就会更加主动地在各个业务环节去挖掘自身潜能。就像在过去一年多的时间里，腾讯员工利用社交平台优势，推广微信在线值机，鼓励绿色出行，并通过互联网服务普及低碳知识，引导公众培养环境友好的生活方式；腾讯的研究部门则更进一步，将人工智能等技术储备应用到高效农业、电网优化、科学节水等场景。这些努力，让我们不仅担负起企业应尽的环境责任，更体现出主动作为、为解决环境问题而不断创新的价值理念。

　　社会价值创新是对社会价值的主动追求，是科技向善在企业运行中的具体实践。个人也好，企业也好，他们的行动选择都受到价值排序的无形影响。是更加重视市场占有率、利润增长等经济指标，还是更加重视公众需求、社会贡献，反映着企业的价值观。在本书中，我们将看到通过人工智能为养老院提供智能看护的"隐形护理员"，看到为乡村基层提高数字化管理水平的"耕耘者"振兴计划，看到为乡村孩子提供科学素养教育的"未来教室"，以及通过为腾讯文档增设无障碍适配，让视障用户也能像视力正常人一样便利地使用在线办公软件，等等。从商业上看，这些创新也许不是"最优"的选择，暂时还基本无利可图；但是从社会角度来看，它们的价值甚至是花钱都买不到的。

　　社会价值与商业价值不是互相排斥的，它们完全有可能相互协调、相互成就。过去在人们的观念里，企业往往专注于创造商业价值，似乎社会价值是社会和政府才应该关心的事。上面说到的一些案例，也容易让人以为，重视社会价值，就必然牺牲部分商业价值。必须承认，两者之间确实有冲突的可能，但是很多时候，只要我们精心设计，完全可以找到它们相互融合、相互促进的解决方案。

腾讯成立二十多年来，对于价值的理解经历了一个不断深化的过程。从成立之日起，我们坚持"用户为本"，坚持做好产品和服务的每个细节，让用户觉得物有所值，在此过程中我们强调的是用户价值。再后来，我们力行开放协作，"把半条命交给合作伙伴"，与产业链上上下下、大大小小的合作者共命运，此时我们强调的是产业价值。现在，我们倡导科技向善、推动社会价值创新，努力实现"CBS 三位一体"，就是把价值的维度从用户（C）、产业（B）拓展到社会（S），推动商业价值同社会价值的融会贯通。

在推动数字产业化和产业数字化的进程中，腾讯始终坚持技术共享理念，把自己定位为连接者、助力者、服务者。我们的微信、移动支付和产业互联网业务，从来不做控制式的设计，不是把用户聚在自己的平台上，而是采用分布式设计，把全部能力共享出去，让用户按自己的方式发展。在这里，腾讯的追求就不再停留在用户价值和产业价值层面，而是营造"共创、共享、共赢"的局面，在实现商业价值的同时助力实体经济、促进创新创业、服务传统产业转型升级，为共同富裕的社会愿景做出自己的贡献。

社会价值与商业价值的相互融合，是社会价值创新"可持续"的重要保证。当然，社会价值与商业价值的共融，并不是"心想"就可以"事成"的，这中间的许多规律都有待我们去探索。今天的腾讯可持续社会价值事业部就承担着几方面的任务。在传统的公益慈善之外，一方面，他们会从社会需求出发，带动公司内部业务部门进一步提高产品和业务的社会效益。比如腾讯人工智能实验室的图像识别技术，就在医学诊断辅助、寻找被拐儿童的基础上不断拓展应用，在珍稀野生动物监测识别、文物残片修复、种子品质评价、脉冲星搜索等众多领域，发挥着越来越大的作用。另一方面，在一些社会价值优先的领域，事业部会尽力借助公司的技术资源和商业资源，帮助探索、孵化新的项目，比如培养"乡村CEO"、建设"共富合作社"、探索"智慧养老"、打造社会应急开放平台，逐渐开发、培育它们的商业价值，直到这些项目羽翼丰满，能实现自主独立发展的良性循环。

融合商业价值和社会价值，我们才刚刚破题。但是一年多来的摸索和实践让我们相信，社会价值创新完全可以从商业运作规律、激励机制中汲取营养，借助它们更有效率地发现问题、分析问题和解决问题。与此同时，时常从社会价值角度出发，系统审视商业实践，将让我们站在更高的起点打造用户价值和产业价值，实现商业价值的持续升级。

让我们一起努力！

马化腾

腾讯公司董事局主席兼首席执行官

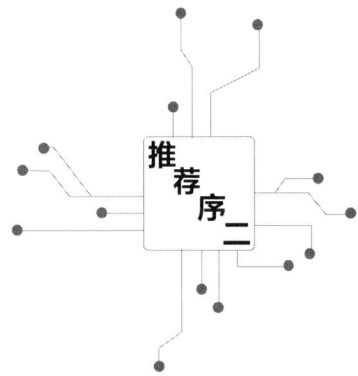

社会价值的市场价格

社会学家讨论市场价格,听起来很不专业。从纯粹市场价格的意义上来讲,的确如此。可是经济生活何曾脱离过社会生活?市场价格何曾脱离过社会价值?

如果请经济学家来给社会价值定价,他们一定会先给出一系列假定,然后给出一个读起来特别有逻辑的结论。问题是,社会生活又何尝是依赖假定而存在的?对于这一点,社会学家马克·格兰诺维特(Mark Granovetter)早在20世纪70年代便提出了自己的证明。尽管经济学家和社会学家对经济与社会的关系争论不休,但是双方也都承认,经济生活是服务于社会生活的。经济学家保罗·萨缪尔森(Paul Samuelon)甚至声称经济学是关于人的快乐的科学,为此,他专门提出了一个"幸福方程式"。从社会事实出发,快乐在本质上是社会的，是社会价值的核心内容。因此，社会价值的市场价格是由社会制定的。

在数字经济领域流行的科技向善是市场定价逻辑的一个历史性转折点。

在自由市场假定下，市场价格是由商品的稀缺性决定的。供需关系决定商品的稀缺性，稀缺性决定商品的价格。可是，市场需求至少有两重含义：一是自然存在的需求，二是人为制造的需求。随着市场经济的自由发展，为了追逐市场价格背后的超级利润，人为制造的需求越来越成为超级利润的主导性来源，脱离社会价值的市场价格时常迈向泯灭人性的边缘——一再重复着残酷且悲惨的人间故事。数字技术推动的泛在连接让市场有能力触达社会生活的每个角落，数据的汇集与算法的发展使需求制造变得越来越精准，数字技术赋予了人类前所未有的获取超级利润的能力。恰恰此时，对科技向善的倡导无疑是一脚急刹车，将矛头指向传统的市场价格制定模式，一个新的市场定价逻辑出现了。

"竭泽而渔，岂不获得？而明年无鱼。"数字技术的确赋予了数字企业"竭泽而渔"的能力，同时数字企业也伴随着"明年无鱼"的风险。何去何从，是市场价格的历史选择。寻回经济学要义，将市场变成人的快乐之地，使价格服务于社会价值，或许是科技向善的应有之义。

本书呈现给我们的是一个又一个的人间快乐。让盲人看电影，新奇吗？将听觉转换为盲人头脑里流动的影像，是不是帮助盲人克服了视觉障碍？大城市里常见的盲道是工业化时代人类所做的努力，让盲人识路能不能做得更加人性化？数字技术在人脚底感知的基础上又有了新的路径……信息无障碍是残障人士在数字化时代的期盼，也是商业创新的机会。面向弱势群体的需求进行技术创新和商业创新，瞄准的目标不再只是创造市场需求，而是创造有社会价值的市场需求。

当然，滚滚而来的数字洪流不只是给残障人士带来了期盼，也产生了新的技术门槛，将迈不过这个门槛的人挡在了数字便利之外，即产生了数字鸿沟。学者们研究了从石器时代到 21 世纪的社会不平等，发现技术变革客观上是加剧社会不平等的重要影响因素。在数字技术变革中，目力所及之处均有数字鸿沟的影响，老年人、受教育程度较低的人、婴幼儿，都是面对数字技术时的脆弱群体。不只面向残障人士，本书还为我们讲述了更多面向数字脆弱群体进行商业创新的故事，如让老年人享受数字产品的易用性，将乡村融入数字洪流，在算法里加入更加温暖的人性，等等。这些故事呈现的不只是市场需求，更多的是市场需求里蕴含的社会价值，是以社会价值为依托与归宿的商业创新。

以社会价值为依托与归宿的市场定价是可持续的商业创新，也是实现有效率的社会平等的可行路径。数字技术促进的泛在连接可以让算法携带的社会价值在实现市场红利的同时实现社会平等，这不仅给曾经被忽视的脆弱群体带来机会，也让技术不再抛弃面对创新时的脆弱群体，并最终实现商业创新的红利普惠。

愿我们在数字技术变革中感悟到商业创新的美好。

邱泽奇

北京大学博雅特聘教授

北京大学中国社会与发展研究中心主任

北京大学数字治理研究中心主任

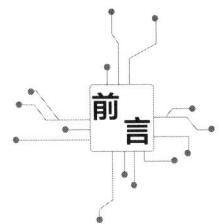

商业价值,何以反哺社会价值

2021年7月12日的傍晚,北京天气宜人,我在回家的路上随手点开了一期播客,节目的名称叫"我能让盲人朋友'看'电影",由无聊斋出品,单口喜剧演员刘旸(网名:教主)做主播。

这期节目请到了一位职业特殊的嘉宾,他专门给视障群体"讲"电影。

让盲人看电影,听起来很矛盾,但实现形式并不复杂:在电影放映的时候,一位旁白人员负责将画面上不发声、没台词的部分念出来。北京的"心目影院"是一个线下的公益影院,它最早在国内采用这种解说的模式,定期为盲人提供欣赏电影的机会。

因此,我听到这期播客的第一反应是:把这个旁白制成音轨压进片子里,不是可以通过视频网站做这件事吗?这样,盲人就无须穿越城市,定时、定点地观看电影了。

我搜索了一下,发现已经有公司在做这件事了。

从 2017 年开始,腾讯研究院在腾讯主要创始人之一张志东的指导下,开始"科技向善"议题的相关研究。2019 年 11 月 11 日,在腾讯公司成立 21 周年之际,腾讯正式公布了全新的使命愿景——用户为本,科技向善。

除腾讯以外,科技向善,或者说商业向善,也在过去几年里不断受到人们的认可,越来越多的企业、团队、产品、个人投身到科技向善的实践中。

在进行科技向善研究的多年间,一个问题始终横亘在所有探索者的面前:如果做好事会使企业的商业竞争力变差,那么是不是意味着市场最终会陷入典型的"劣币驱逐良币"的困境?因为到最后,大多数尝试贡献更多社会价值的企业都会输给那些只追逐商业利益的企业。

早在 2020 年我们出版的《科技向善:大科技时代的最优选》中,知名投资人邵亦波就将该问题总结为"科技向善的结构性问题"。

科技向善,或者说商业向善,必须以成本思维的方式实现吗?商业价值与社会价值真的是天平的两端——难以平衡吗?

回到让视障群体在线观看电影这件事上,走在行业前面的是优酷。

2020 年 12 月 3 日,优酷上线了一个无障碍剧场的项目。它与中国盲文图书馆合作,当时计划在 2022 年到 2025 年间上线 100 部无障碍版本的影视剧作品,同期,优酷的主 App(应用程序)也完成了视觉无障碍功能的适配。

在和一位国内知名手机厂商的"技术向善"议题召集人交流时,她谈道:"一个无障碍项目如果在大厂内叫'项目',那结局大概不会太好。因为项目是会结束的,但有无障碍需求的人群一直都在。"

从理论上来说,有长期需求的地方就应该有长线产品,甚至可能有一定的商业化机会,也许有一种方式可以通过商业化产品去满足一些特殊群体的需求。这不是趁火打劫，只是为了让这种面向特殊群体的产品和服务不再纯粹依靠道德的力量来间歇性"用爱发电"。

在面对老年群体时，这个逻辑更清晰一些。在主流的助老、适老语境中，老年群体总是被当作需要照顾的群体。但是根据2021年5月11日公布的第七次全国人口普查的数据，我国60岁及以上人口规模已达2.6亿。

在任何情况下，2.6亿的人口规模都不应该被视为"特殊"，他们是正常社会包括商业企业开展活动时必须考虑的一部分。

与是否要用"不图回报的付出"去照顾老年群体的问题相比，行业需要思考的真正问题是：为什么只有金融诈骗、保健品推销频频造访这一群体，而过去十年里新出现的主流商业公司都将这个庞大的群体排除在自己正常的、合理的商业模式之外？

当新公司、新业态、新产品的运作者绞尽脑汁且细致入微地思考"00后"的需求、"00后"的痛点，以及"00后"想要什么的时候，却很少有人将他们的爷爷奶奶这样的老年群体当作普通用户来观察、思考并构建产品，或将老年人的特殊诉求视为当代社会消费者的正常需求。

顺着"商业价值"与"社会价值"平衡共振的思路——这也是腾讯在2021年提出的"可持续社会价值创新"方向——一家友商的产品进入了调研视野，这就是百度的小度智能屏。

在本书的第二章，我们会详述小度智能屏案例在社会价值与商业价值之间实现互补，甚至共鸣式发展的效果。

本书共五章，概述了我们所关注的与"科技向善"相关的五个创新领域，分别是信息无障碍、数字适老、乡村振兴、系统可解释，以及线上社区的内容治理。

每章从用户或述说人的基本诉求与问题出发，将不同公司不同方式的探索与创新串联起来形成故事。

在当代社会，弱势群体的成因往往是，一些客观因素使一部分人在商业运转中的起跑线比其他人的更靠后。故而，当我们谈及社会价值的时候，应考虑缩小弱势群体与其他人在起跑线上的差距，而不是单纯地将他们送向终点，因为那又会造成对其他人的不公平。

社会中的弱势群体并不总是在方方面面都是弱势的，施舍式的帮扶也并非他们所愿。各行各业应当为他们提供所需要的、高质量的、互惠互利的产品和服务，让他们可以享有与普通用户、普通消费者、普通劳动者一样的权利。

这可能是一种更高效的、创造社会价值的方法。

王健飞

2022 年 2 月 18 日

读者服务

微信扫码回复：44211

- 加入本书读者交流群，与作者互动
- 获取【百场业界大咖直播合集】（持续更新），仅需 1 元

第一章 在赛博空间里，修建盲道 /1

第一节 盲人，能"看"电影吗 /4
无障碍电影的"院转网" /7
插曲：无障碍电影的版权之困 /10
用耳朵"画"产品原型图 /12

第二节 智能盲杖改善盲道 /14
盲道何以成为盲点 /16
大数据能看到盲道吗 /18
智能盲杖登场 /19
智能盲杖的价值 /20
ToC，ToB，还是共赢 /22

第三节 视障人群在线办公是一种怎样的体验 /23

在线办公，视障用户的机会与困境 /25

腾讯文档信息无障碍的逻辑 /26

他们都在哪里工作 /30

第四节　让视障用户与老年人顺畅地反馈　/32

每部手机里都有的隐形产品 /33

一个"ToB"产品的改造 /34

帮助其他产品做好信息无障碍与适老化 /36

第五节　尚无最佳方案的信息无障碍　/38

信息无障碍的长期难点 /38

关爱与歧视的一墙之隔 /39

尝试与探索 /42

第二章　数字适老，字号变大以外的一切　/47

第一节　一张"土味"表情包的门槛与动机　/52

第二节　从智能手机开始的适老化　/55

简易模式或老年模式 /57

远程守护 /58

第三节　找回被忽略的"说明书"与"小课堂"　/60

视频还是图片 /63

线上学不会的，我们线下学 /66

第四节　老年人的生活圈　/69

城市老年人的生活圈 /70

从圈层出发理解数字适老的场景与重点　/72
城市中数字适老要讲策略、分层次，也要温柔而坚定　/77

第五节　虚实结合的数字适老　/78
微信支付专属客服　/78
"刷脸"的爱心助餐　/79
买手机，"包教包会"　/80
网约车走下网络　/81
隐形护理员：科技助力养老服务　/82

第六节　适老化的另一种可能　/83
"家"字的不同定义　/86
语音交互的优势到底在哪里　/88
不同形态的互联网　/90

第七节　专为老年人打造一个互联网，可行吗　/93
GrandPad：专为老年人设计的平板电脑　/94
ElliQ：面向老年人的社交机器人　/95

第八节　老年人与互联网，都不特殊　/98

第三章　重连，在数字世界再造乡村　/103

第一节　一场互联网实验　/109

第二节　服务互联网"最后一公里"　/112

第三节　授人以鱼不如授人以渔　/116

第四节　帮"耕耘者"圆梦的腾讯人　/120

第五节　短视频成为"新农具"　/122

第六节　新留守青年　/125

第七节　未来从开课开始　/129
孩子们为什么需要一个"未来教室"　/131
一个多方联合共建的"未来教室"　/134
填平想象力与视野之间的落差　/136
为当地教师插上翅膀　/139

第四章　打开黑箱，人与系统的战争　/143

第一节　系统的隐喻　/145

第二节　黑箱是无解的问题吗　/149

第三节　打开黑箱的尝试　/151

第四节　美团：敞开外卖配送系统　/154
公开送达时间与订单分配算法　/155
美团的订单分配算法　/156
算法透明，一个长期的命题　/160

第五节　微博：公布热搜算法　/163
热搜算法是怎样构成的　/163

目录

微博的出发点 /165
热搜机制透明化 /166

第六节 算法可解释的"他山之石" /169
谷歌的模型卡 /171
IBM 的 AI 事实清单 /173
微软的数据集数据清单 /175
可解释 AI：一种对话方式 /176

第七节 一条长路 /177

第五章　**内容社区治理的算法侧面　/181**

第一节 算法的正面，算法的反面 /184

第二节 算法给内容社区生态带来了什么 /187
区隔社区生态 /188
影响社区内容的品位与走向 /190
淡化人与人之间的连接 /194

第三节 内容社区的努力方向 /196

致谢与尾声　/199

── 第一章 ──
在赛博空间里,修建盲道

2018年的某个周末，家住北京磁器口的茅明睿在家附近的公交车站等车。一辆公交车驶入后，站台上的一位盲人向他搭话，询问进站的是不是57路公交车。

不巧，那辆车不是。但是这位盲人引起了茅明睿的注意，因为他真的是第一次见到独自乘坐公交车的视障者。

在简单的交谈之后，茅明睿了解到这位视障者当天出门是要去看电影。他和茅明睿相遇的公交站并不是他出行的起点，也不是终点，而是一个中转站。

这位视障者的住所和那家专为视障群体设计的影院之间足足有20多千米。

这让茅明睿很好奇：视障群体究竟是怎么出门的？他们日常有怎样的公共生活？他们又是如何穿过车来车往的城市，从一地走向另一地的？

茅明睿与视障群体的机缘正是从这次相遇开始的。

不过我们还是先顺着好奇心，来聊聊盲人"看"电影这件事。

第一节 盲人，能"看"电影吗

2021年9月25日的早晨，秋风带着些许凉意。心目影院放映的是一部灾难片《峰爆》，这部影片讲述的是两代中国铁道兵精神传承的故事。

影片正式开始的时间是上午9时，但是8时刚过，影院门口就聚集了从四面八方来此"看"电影的视障朋友们。他们或三五成群或两两结伴，聚在一起热情地讨论着过去一段时间发生在自己身上、自己身边的趣事，或听来的新闻。

对于他们来说，每一次"看"电影前的短暂时间，是他们难得的能与同伴聊天与交往的时刻。

现场还有一批视力正常的体验者。他们被布条围住眼睛，由志愿者领着跨过门槛、走下台阶、乘上电梯、推开门，在摸索中找到自己的座位，坐定，然后像盲人一样"听"一场电影。

对于大多数人来说，看电影已经成为日常生活中稀松平常的文化娱乐活动之一。

作为当下最流行、最普及的大众媒介之一，电影或者说是视觉化观看体验已经成为我们日常娱乐和获得社会化教育的重要途径之一。但是对于盲人来说，看电影是一种奢望，他们只能通过听觉、触觉或嗅觉来感受这个世界。

让盲人看电影听起来很不可思议，但是它的实现方式并不难以想象：电影放映时，由一位电影讲述者通过实时旁白的方式将演员台词、背景音之外的画面上的关键信息讲述出来。

回到心目影院放映的《峰爆》，与一般的电影放映不同，这场电影的放映没有完全熄灯。

在观众席的一个角落，这场电影的讲述者开着一盏昏暗的台灯，隐匿于观众之中，使用简洁而短促的声音描述着电影画面。

"讲述一场电影，不仅仅是讲一个故事。盲人朋友不缺故事，而视觉呈现的故事，给他们带来的是社会常态的认同、认知，以及社会文化、思想、情感的共享。这种共享（成功与否）标志着他们能不能从残疾人真正地成为社会人。"心目影院的创始人王伟力（网名：大伟）在此前接受媒体采访时谈道。

2003年7月，王伟力与妻子郑晓洁一起成立了"北京市红丹丹视障文化服务中心"（以下简称"红丹丹"），致力于残疾人的综合能力发展和残疾人文化创新，并于2005年7月创办了心目影院。

起初，心目影院只是一个30平方米的临时房间，里面只有一台液晶平板电视、一台DVD放映机、几个喇叭、一些简易座椅。

随着红丹丹的影响力和知名度越来越大，参与的人数越来越多，心目影院有了固定的志愿者服务团队，还有了来自院线方与外界在资金和场地方面的支持。

"之前大家聚在四合院中一起'看'电影，彼此交流的气氛会更好，整体感觉会更轻松一些。现在到了正式的影厅，又有那么多人，大家会稍微拘束一些，没有以前那么放得开了。"红丹丹执行主任曾鑫看着坐得满满当当的放映厅时不禁感叹道。

但也正是这样，才会促使更多的盲人朋友走出家门、走出自己封闭的生活，去和社会、他人主动接触。也正是在这个过程中，盲人朋友们才逐渐感觉到自己是被他人需要的，也是有社会价值的。

引人注目的是，在心目影院的电影《峰爆》讲述现场，出现了一个身着粉色上衣的身影。一个十七八岁的女孩在家人的陪同下和众多"听众"朋友一起坐在影院里，一起出神地听着精彩的电影讲述。

在每场电影开始放映和讲述之前，当期的讲述者都会详细描述自己当天的衣着打扮与相貌特征，以及电影开始前的广告内容和影片本身的故事情节、背景等信息。这些看似与电影并不直接相关的信息，事实上也是盲人学习和了解社会的重要一环。

比如，现在接近普及的有声书平台确实丰富了盲人的精神生活。但是许多人不知道的是，其实普通的有声书平台对于视障用户来说还是"欠缺了一点点"。

"我们在为盲人朋友制作有声读物时，会一字不落地将出版社信息、书籍价格、封面内容等一起录制。这些看似毫不起眼的信息，对他们来说是接触社会和融入社会的重要一环。"曾鑫在采访中说道。让更多的盲人朋友接触社会、融入社会、自力更生，正是红丹丹创立的初衷。

"听"电影与"看"电影的不同之处是，电影讲述者需要在极短的时间内使用最简短有力的话语向盲人朋友描述画面，同时又不能影响电影画面的整体节奏和旁白等视觉化不是很明显的内容。为此，讲述者需要在前期做大量讲述脚本的准备工作，仔细斟酌每个字、每句话的同时，又要考虑语速和情感对盲人朋友理解电影的影响。

除此之外，讲述者还要考虑大多数先天失明或弱视的盲人朋友对红色、绿色等颜色缺少视觉化印象方面的问题。所以，当电影中出现一些使用颜色代表人物情绪或推动电影情节发展的镜头时，电影讲述者会使用"热烈的""激昂的""兴奋的"等字眼对颜色进行再诠释，从而让盲人朋友理解起来更加容易。

另一个无法忽视的问题是，相当一部分盲人对生活和影视中经常出现的一些交通工具和设施没有具体的印象。

在部分公益组织为盲人放映电影的活动中，甚至会在一些场景暂停一会儿，向盲人观众详细描述直升机的样子、高铁与普通火车的区别，等等。这样，盲人观众就能够更好地理解剧情中一些简单的发展线索和逻辑。

为此，心目影院在选择讲述的影片时，会考虑到主要的受众群体为中老年人，所以一方面会选择一些偏向亲情、社会生活或具有中国特色的影片，另一方面会选择一些人物关系和剧情相对来说不是很复杂的影片。

"其实我们不需要长篇累牍地描述，而是只需要描述短短的几个字或一句话，有时候不用太在意语句是否完整或具有逻辑性，因为盲人朋友比大多数拥有正常视力的人拥有更优秀的联想能力。"

在影院后排的角落，一位身着皮衣、戴着墨镜的男性盲人朋友，双手着力于胸前的盲杖，身体和脑袋尽力地前倾，时不时地用手扶住下颌，一副若有所思的样子。那一刻，我们相信他"看"见了。

无障碍电影的"院转网"

在听完心目影院的故事后，许多互联网人的第一反应是：这个模式是不是有通过数字化做更进一步演进的方案？

这种解说版的无障碍电影能不能放在视频网站上让更多的盲人足不出户获得同样的体验？

互联网行业中还真有人做了这样的探索。

2020年年初，很多人因为新冠肺炎疫情而度过了一段居家办公时间。

在那段时间，我们的生活重心突然被赶到了赛博空间里，我们在网上上课、在网上开会、在网上工作，也在网上看视频、玩游戏、看直播……

线下电影行业停摆，一些重头电影宣布在线上视频网站首映，引发了全球电影行业关于"院转网"的大讨论。

在普通用户依靠互联网去填充自己相对静态的生活，电影行业积极求生转型的那段日子里，优酷的用户反馈系统收到了大量来自视障群体的投诉，用户们针对优酷尚未适配无障碍的功能点表达了不满。

这让优酷内部相关团队的同事意识到，视障用户在新冠肺炎疫情防控期间可能比视力正常人遭遇了更大的挫折，优酷应当做点什么。

在实际走访的过程中，优酷无线开发专家李奎发现，其实视障群体的网络生活要远比视力正常人想象中的丰富得多。

在政策引导和产业扶持下，中国的许多盲人选择将按摩作为自己的终生职业，从业人员其实有大量零碎的等待和空闲时间。比如，服务完一位客人之后，到服务下一位客人之前，这中间的时间不长不短，但是视障群体又不能像视力正常人那样闲下来了就随便"去周边转转"。因此在过去，几个盲人按摩师只能坐在一起闲聊。

互联网的出现事实上为他们打开了一扇窗，各类音频、短视频、长视频、能进行语音播报的文字内容类 App 是他们打发时间、充实自己、互通有无的最好选择。

如果能把无障碍影院从线下搬到线上，岂不是能大幅度降低盲人"看"电影的难度？

但是在 2020 年年初的那个时间点上，李奎调研后发现，别说无障碍版本电影的线上播放了，国内的视频类产品对视障辅助功能的适配都不算太好。

在 2020 年年中，初步的调研结束后，优酷开始进行无障碍适配的技术积累。在当年 10 月份，最终拍板决定开工。

整个工程分为两条线并且同时开工，一条线是与中国盲文图书馆展开合作，取得《我不是药神》《飞驰人生》《唐人街探案2》等当时热门电影的无障碍版本的版权，为"无障碍剧场"专区进行内容储备。

另一条线则是技术适配的工作，帮助视障用户在整个"优酷"App中获得相对良好的体验。优酷无障碍剧场界面如图1-1所示。

图1-1　优酷无障碍剧场界面

由于做好了提前的调研和较多的技术准备，整个无障碍适配工作进展神速，在当年12月3日的国际残疾人日，无障碍适配版本的"优酷"App带着无障碍剧场正式上线。用户只要在"优酷"App中搜索"无障碍剧场"，就能进入一个专门展示无障碍版影视作品的专区。

2020年12月25日，工业和信息化部宣布自2021年1月起，在全国范围内开展为期一年的互联网应用适老化及无障碍改造专项行动。首批行动将完成与老年人、残疾人等特殊群体工作生活密切相关的115个公共服务类网站，以及43个App的适老化和无障碍改造，"优酷"App便在这43个App之列。

因此，优酷基于自身对视障群体需求洞察的驱动，在合规要求出现之前就基本完成了无障碍适配。

当然，这并不像看上去那么容易。

插曲：无障碍电影的版权之困

许多人不知道的是，无障碍版本的电影和电视剧在版权上是独立的。而无障碍版本影视剧的版权问题又会使无障碍剧场的发展变得不那么顺畅。

其中会涉及几个相关的主体，首先是原作者，其次是影视剧作品的版权方或者说制片方，再次是无障碍版本影视剧的制片方，最后是影视剧播放的终端，比如普通影院、心目影院或视频平台。

影视剧生产的过程在某种程度上就像是一条流水线。它有很多参与方，从最初构思小说、漫画或游戏的原作者，到实际聘请编剧、导演、演员并搭建场景进行拍摄的制片方，再到对电影进行宣传、发布的院线和线上网站。最终目标是使影视剧在大荧幕或小荧幕上被我们欣赏。

每个在最终成品中投入成本的个体都应该有一系列合理合法的权利，比如获得自己的收入。这就会使得我们在纯粹道德驱动下很难做到让每部影视剧作品都能有无障碍版本。

我们不妨做个假设，作者同意将无障碍版权捐献给制片方，制片方也同意公益组织来制作影视剧的无障碍版本，但是可能到了实际放映环节，电影院却不干了。

"这个电影太精彩了，要是线上放出给盲人免费看的无障碍版本，那视力正常的用户也能看，不就没人买电影票了吗？"

链条中的任何一个环节都有可能成为此类"恶人"。这也无可厚非，毕竟影视剧的制作成本动辄数亿元，无障碍版本的影视剧只在正常版本上增加了少量旁白，一些视力正常的用户确实可能"钻空子"。

事实上，这样的案例还真的发生过。

2021年4月，北京互联网法院审理了一件情况"特殊"的案子。享有电影《我不是潘金莲》独家网络传播权的原告，将一个面向听障群体的公益电影放映App告上了法庭，而且案情还挺复杂。

原来，被告在自己的App中上传了一部为听障群体制作的手语版《我不是潘金莲》。而被告从一家公益出版社免费获得了该版本的电影，但是这家公益出版社的无障碍版本《我不是潘金莲》是不包含网络传播权的。

法庭上一场辩论之后，一审的判决结果有利于原告，法院判令被告停止侵权，并赔偿原告经济损失48.9万元及合理开支1.1万元。作为被告的公益电影放映App不服一审判决，当庭提起了上诉。这件案子目前还没有定论。

值得注意的是，原告的视频网站并不是想做一个"恶人"。

在法庭辩论中，原告并没有指责被告"盗版"，也认可被告面向弱势群体提供服务的初心是好的。原告提出的争论点是，被告的App其实并没有办法判断使用者是否存在听障、视障的情况。具体到手语版电影，其实只要忽视屏幕下方角落里的画中画，每个人都可以顺畅地观看。如果电影被广泛传播，确实会给享有独家网络传播权的视频网站带来冲击。

对于心目影院和中国盲文图书馆这样的线下放映机构来说情况还好，甚至很多制片方非常愿意把无障碍版本的影视剧的版权捐赠给这些机构，因为普通人不太可能经常去盲文图书馆和盲人影院"蹭看"电影。

但是在网络上，大规模为特殊群体提供免费的无障碍影视剧作品，可能确实会让许多视力正常者装扮成视障、听障人士。

从长远来看，2021年新修订的《中华人民共和国著作权法》加上《残疾人权利公约》和《马拉喀什条约》，已经为免费向特殊群体提供无障碍版本影视剧提供了法理基础。不过，正如从上述法院判例中看到的，后续可能还要对特殊群体的识别出台一些规范，才能使这个模式真正实现大规模的推广。

当下，优酷的无障碍剧场与中国盲文图书馆合作，计划在从2022年到2025年的这几年里上线100部无障碍版本的影视剧作品。同时，在优酷未来的版权采购流程中，也会加入对无障碍版本影视剧版权的采选购买，以便未来制作和上线无障碍版本影视剧的过程能够更加顺畅。

用耳朵"画"产品原型图

回到优酷无障碍剧场的产品上，它是如何实现用耳朵"画"产品原型图的呢？

对于视力正常用户来说，能直观感受到的是优酷上线了一个无障碍剧场。但实际上，这只是工作中的一小部分。

只要与版权方谈妥，理顺版权关系，无障碍电影的上线与普通电影的上线没有太大区别。

优酷高级无线开发专家刘洋说,真正重要的工作其实是对整个"优酷"App 的无障碍适配。

无障碍适配,不是简单地使用系统的旁白功能将App上的文字信息读出来。当然,这是一切的基础。但是在此基础之上,其实还要将视力正常用户熟悉的界面模式切换成另一套。

假设界面上一共有9个元素,全盲用户首次点开一个陌生界面的时候会习惯用手将整个屏幕摸一遍。每摸到一个区域,系统的"旁白/TalkBack(对讲)"功能就会将当前摸到区域中存在的元素读出来。

摸完一遍屏幕,视障用户基本上在脑海里"画"出了一个用户界面,然后依据自己的需求去寻找相应的功能,比如"播放按钮"。

但是有时,专为视力正常用户设计的用户体验细节可能与这一过程产生冲突。比如大家在打开很多App时会发现,首页都是动态的。对于视力正常用户来说,这样的设计能增加同屏展示的信息量。但是对于视障用户来说,当他在脑海中构建起用户界面的时候,界面却发生了变化,这会给他带来比较大的使用障碍。

在这种情况下,简单地符合"将屏幕读出来"的要求已不能满足无障碍适配的需求,需要开发者在能看到的界面之下为视障用户设计另一套声音界面。只有真正理解了这一点,作为视力正常者的产品经理和工程师,才能避免"拍脑袋做无障碍开发"的情况发生。

其中有一个策略是专门解决动态界面问题的,方法是固定住一些元素或给予一些动态提示。

比如,优酷的播放控制条就采取了这个策略。在Android系统下,当

App 检测到"旁白/TalkBack（对讲）"功能打开的时候，播放控制条会持续存在，不会自动消失。在 iOS 系统下，当播放控制条消失时，会触发一个旁白事件告知用户播放控制条关闭。

刘洋还谈到了他们使用的另一个策略：元素聚合。在默认模式下，iOS 系统和 Android 系统的旁白系统都会按照控件来对屏幕进行朗读。比如，当视力正常用户看到一个剧集信息时，会觉得这是一个整体，里面有剧名、主演、评分、集数等信息。但是在默认情况下，视障用户的手指必须扫过这个剧集卡片里的每一个文字框才能获得信息。针对这一点，优酷对影视剧卡片进行了聚合，只要手指扫过卡片，系统就会将卡片上的信息都读一遍。

"如果大家打开手机无障碍模式，去操作一下'优酷'App，就明白我说的是什么意思了。"

并不是所有人都有蒙上眼睛在城市中穿过一段道路的勇气。但是每个人都可以蒙上眼睛在手机上体验一下无障碍模式，也应当去尝试一下。

第二节 智能盲杖改善盲道

还记得我们之前提到的在家附近的公交站遇到视障者的茅明睿吗？

在遇到去看电影的那位视障者之后，他深受触动，想要为视障群体做些什么。从自己的工作出发，他产生了一条与优酷截然不同的思路。

茅明睿创办的"城市象限"是一家智能城市规划公司，这家公司的日常工作就是利用大数据帮助建设单位或基层政府做城市规划。

举一个直观的例子，我们经常看到在城市中分布着各种各样的露天公共空间，里面有一些不知道是为老年人还是为小孩子提供的健身器材或简易娱乐设施。

这种城市空间的建造成本并不低，但是闲置率往往很高。无论是对于基层政府、小区物业还是对于商业房地产公司，在前期规划的过程中，如何在这样的空地上添加设施去真正满足人们的需求，都是一件非常困难的事情。

城市象限就为满足这种社会需求提供了一个解决方案。他们的做法是，先用摄像头记录一段被改造空间的影像。通过视频算法分析出在一段时间内究竟有多少人会路过这里，这些人的性别比例如何，年龄分层大致如何，以及职业分类大致如何。

在人流属性确定的基础上，城市象限用自建的知识图谱进一步分析每天经过这里的人可能会有什么样的需求。比如，对于孩子和青年人来说，一个设计得像先锋雕塑的哈哈镜，既充满了童趣，又有可能成为他们拍照打卡的景点，也容易使原本对街心公园不感兴趣的他们注意到这片区域，如图 1-2 所示。

（a）

图 1-2　改造后的"井点一号"小微空间

（b）

图 1-2　改造后的"井点一号"小微空间（续）

茅明睿团队最擅长的就是通过这样的大数据感知和分析能力，将无人问津的"公地悲剧"改造成一个人人都爱的小型社区中心，同时大大减少规划依据不足而导致的后期闲置与浪费问题。

2018年那次与视障影迷的相遇让茅明睿意识到，在城市的许多地方，无障碍设施显然也是一个需要改善的"公地"。

盲道何以成为盲点

在这里，要先纠正一个误区。

很多人在谈到中国的无障碍设施，尤其是盲道时，经常认为政府或者城市治理者对此并不重视，这个印象实际上是不正确的。

我国现行的《中华人民共和国道路交通安全法》明确规定："城市主要道路的人行道，应当按照规划设置盲道。盲道的设置应当符合国家标准。"

关于盲道如何建设，在国家强制标准《无障碍设计规范》（GB 50763—2012）中也有一套相对来说比较完善的标准。这个标准充满了细节，比如它甚至规定了"行进盲道宜在距树池边缘 250mm ～ 500mm 处设置"。

仅就北京一个城市而言，在 2013 年的时候，其盲道就已经超过了 1600 千米，拉成直线能从北京直达成都。

尽管盲道的建设成本很高，但是盲人对盲道的使用频率却整体偏低，我们确实很少在盲道上看到盲人。

由于投入大但使用频率偏低，近些年在网络上甚至出现了"盲道是否重要""盲道是否浪费了太多钱"之类的讨论。

盲道绝非不重要。几乎所有曾直接调研过视障群体的人都会发现：即便是在不完善的情况下，盲道依然是视障群体在城市中出行的最重要工具。

因此，焦点就转移到了如何改善盲道的可用性上，而这不是一个简单投入金钱就能解决的问题，甚至不是一个"是否重视"的问题。

我们可以事先做好规划以防止盲道设计不合理，可以投入资金定期修复损坏的盲道，但是真正使盲道成为盲点的主要原因其实是盲道的被占用和被损毁。

要想让已经建成的盲道随时处于良好状态，简直比登天还难。

在盲道上，有伸出花坛的树枝、被随意摆放的共享单车、占道经营的小摊小贩、坐在小马扎上聊天的爷爷奶奶、临时停放的机动车，还有各类路面施工维修后没能按规范正确还原的地砖……

这些随机的、动态的、视力正常人不易察觉的障碍，汇总起来成了盲人出行的巨大障碍。

换句话说，盲道的管理成本与建设成本同样重要，甚至还要更高，而且这不是一笔纯粹的经济账。

大数据能看到盲道吗

针对"盲道成为盲点"的问题,茅明睿想到的是,这不正好是应该使用传感器和大数据来解决的吗?

于是,他策划了一个实验。

2019年世界盲人日前夕,城市象限与北京市红丹丹视障文化服务中心、"一览众山小——可持续城市与交通"志愿者组织一起,邀请6位盲童在北京的一个街区试走一段陌生的盲道。在保障盲童安全的情况下,其他人尽量不对盲童做任何干预和引导,并通过摄像机拍下他们走路的全过程。

这并不是像普通公益项目那样拍摄一个纪录片,表现视障群体面对陌生道路时的困难从而引发公众关注,而是为了识别视频中盲童的表情、体态、动作,从而找到可能用于分析、改进盲道的自动化方法。

在一个理想的状态下,应该能够建立这样一种AI模型:通过判断盲人的行为来判断盲道可能出现了什么样的问题,再将这些问题归类汇总,推送给相应的管理部门。这将大幅度减少盲道管理与维护中不可控的人力成本。

其实在业界,这种大数据巡路的模式并不是首创,此前人工智能公司商汤科技就曾经利用无人机的拍摄功能对偏远地区的高速公路路况进行巡查。但是在城市内部对高密度路网的盲道进行大数据巡路,还十分少见。

事后来看,这场实验并不算成功。

"我们试了很多种算法,没有一种能从原始视频中梳理出问题。这个活动现场的部分结束后,几个员工用了一个星期的时间完成第一步的人工标注后,剩下的分析才得以进行。"

这个项目后续的影响还包括让基层的街道工作人员产生了误解——"你

们是不是想指责我们对盲人不负责？"

茅明睿觉得有点儿冤，他们实际上只是想帮基层找到一种更低成本的负责的方式。

智能盲杖登场

半年之后，在参与另一个北京街区改造项目的过程中，需求方明确提出要提升无障碍设施的实际效果。茅明睿有了第二次实验的机会，智能盲杖因此诞生了。

总结了第一次实验的经验后，他这一次想到了使用倒车雷达取代纯视觉分析的办法。在汽车行业，倒车雷达是一个非常成熟甚至可能要被淘汰的技术应用。

倒车雷达的核心原件是一个小型的超声波探测器，通过反射波来测算自身与周边环境的位置。在典型的应用场景中，当驾驶员倒车时，车尾与障碍物之间的距离被转化为带有警示含义的嘀嘀声，嘀嘀声越频繁，就意味着车尾距离障碍物越近。

这种将视觉转化为听觉去感知周围世界的方式，原本就与视障群体的日常生活非常相似。再加上大多数盲人在出门的时候都会带上一根盲杖，这使盲杖和倒车雷达有了结合的可能性。

2020年6月，茅明睿在自己公司的操作间里打印好盲杖的3D外壳，20根"智能盲杖"就这样诞生了。

智能盲杖由倒车雷达、蜂鸣器、GPS、主控芯片和一根普通的盲杖构成，构造其实很简单，但是作用却不小。

他们将这些盲杖分发给志愿者，让志愿者在被改造街区里试走。

盲杖上的 GPS 和倒车雷达模块会随时回传信号，用来匹配时间数据、步速数据等。云端可以分析出两个非常重要的信息，其一是视障群体对哪些地区的盲道更为依赖，其二是哪些地区的盲道可能出现问题。

这让后续街区盲道的规划变得有的放矢。

第二次实验，成功了。

智能盲杖的价值

不要小看这两个信息的价值，它们将大大减少后续对盲道进行修整的成本，并提升盲道的可用性。

从本质上来说，它们彻底改变了盲道的巡路和反馈机制。

"盲道不可用"对视障群体来说是一个单一问题，但极有可能涉及多个完全不相关的治理渠道或方法。

比如，小商小贩占道需要让城管处理，机动车乱停乱放需要让交警处理，社区里的爷爷奶奶习惯性地在一个路段扎堆聊天可能需要居委会来协调。

以往最好的情况是市政能为视障群体提供一个单一的反馈举报入口，但是视障群体往往不能很好地描述究竟是什么阻挡了自己的道路。因此，即便是有单一的反馈举报入口，下一步还是需要派人核查。

人工核查又带来了其他问题。比如，爷爷奶奶在人行道上坐着小马扎聊天的情况比较随机，而盲人可能只举报一次。核查人员到现场后如发现盲道当时没有问题，就会把反馈单当作误报来处理。

智能盲杖反馈问题则是用户无感的，视障用户不需要每次遇到障碍就停下来或记下来，然后找一个反馈举报入口反馈自己遇到的问题。本应走在盲道上的视障用户走下了盲道，这本身就意味着盲道存在问题。

而且，这个反馈的时间戳，可以辅助后台判断盲道上是不是会在每天或每周的特定时段内出现障碍。

比如，某个路段也许每天只有 1 小时的时间被占用，因为快递站的大货车届时需要在这里卸货。

一旦确定了情况，那么直接将信息反馈给城管可能比联系路政更有效，这大大缩短了盲道修整所需的时间。

在这个街区改造项目中，通过交叉分析发现，街区内的盲道主要存在三大类问题：第一类是城市管理问题，比如盲道虽好，但是上面有共享单车，有占道经营的小摊，有长期坐在上面休息的爷爷奶奶等；第二类是无障碍设计不合规的问题，也就是多数网友固有认知里的那种问题，比如盲道是断头路或盲道存在砖块铺设错误等；第三类则是盲道虽然没有明显不符合无障碍设计规范的地方，也不存在城市管理问题，但就是用户体验不太好，会让盲人感到困惑。

在这三类问题中，第二类问题，也就是真正的"盲道不合格"的情况只占了总体问题的 20%，剩下的第一类问题和第三类问题各占 40%。

城市象限提交的分析报告并非如此笼统，而是非常精细地使用橙色、红色和绿色来分别呈现每个路段，以展示路段的可用性，并在橙色和红色区域标注可能存在的问题，比如摩托车占道、电线杆设施障碍、天桥障碍、共享单车障碍、自行车占道、连续墙体等。

通过这种形式，对于视力正常人来说，盲道上的问题也变得"一眼可见"。

ToC，ToB，还是共赢

茅明睿的"智能盲杖"项目，不是"ToC"（对消费者），而是"ToB"（对行业）和"ToG"（对政府部门）的。最终，这款智能盲杖没有量产，消费者无法直接购买，只有在帮助有关组织做街区规划的时候才会拿出来使用。

这倒不是因为有什么技术上的障碍，而是因为城市象限不是一家生产消费级产品的智能硬件公司，投产这样一款智能盲杖可能使公司踏入他们自己完全无法掌控的市场。

国外已经有一些直接面向终端消费者的智能盲杖，比如土耳其视障发明家库尔萨特·锡兰（Kursat Ceylan）发明的 WeWalk 等。

WeWalk 可以定位当前位置、与手机地图联动、侦测道路上方障碍物（可能会碰到头），还具有语音唤醒和查找智能盲杖的功能。视障用户甚至可以直接使用语音助手对 WeWalk 说"带我去最近的咖啡店"，然后 WeWalk 就会通过语音的方式引导用户出发。

但是这样的消费级产品的价格会直线飙升，因为里面要集成更大的电池，要有实时联网模块，还要有智能语音助理，等等。也因为如此，WeWalk 的售价一度高达 599 美元，不是普通的视障用户所能够承担的。

城市象限制作的智能盲杖价格并不昂贵，据称成本可以压缩至 200 元左右。这既是该智能盲杖"ToB"的优势，也是该智能盲杖的局限。而且，这种智能盲杖并不能直接给所有的视障人士带来完善的体验，因为如果视障人士完全相信它的"警报声"反而可能面临风险。但是智能盲杖的确可以用极低的成本帮助整个城市推进无障碍设施的优化。

茅明睿曾经表示，如果国内有一家消费电子产品品牌愿意推出这样一款智能盲杖，他们十分愿意达成合作，将现有的方案共享给对方。假如一座大城市有10万名视障人士使用这样的智能盲杖出行，他们将成为最高效的盲道巡路员。

如果茅明睿的畅想得到实现，盲道将不再是城市优化中的"盲区"。

第三节　视障人群在线办公是一种怎样的体验

如果说智能盲杖改善盲道是为了解放视障群体的"双腿"，让他们可以更加方便和安全地走出家门、拥抱社会的话，那么无障碍电影则打开了视障群体想象的"翅膀"，为他们平凡的生活增添了几分欢声笑语和感动。

在视障群体的生活与娱乐之外，他们的工作方面有什么变化和值得关注的创新呢？

张同学是一名视障工程师，她主要的工作任务就是以文档的形式获取别人发送的政策或宣传公告，了解别人传达的信息；使用表格分门别类地列出工作中出现的问题，发送给其他人查看。

在过去的几年里，尤其是在抗击新冠肺炎疫情的背景下，几乎所有的办公文档流转开始使用在线文档。

但是由于现有在线文档不支持读屏功能，张同学在接收同事文档和将反馈发送给同事时，需要频繁地将在线文档导出为本地文档，并对其进行无障碍读屏操作。

在执行紧张的协同任务时，这样繁复的操作会破坏工作整体的流畅性，降低工作效率。

尽管张同学在自己的岗位上多次做出超越公司预期的成绩，但是由于她无法高效使用在线协同工具，一些必须亲手完成的工作无法顺利完成，错失了升职的机会。

随着视障群体就业形势产生新变化，视障群体对各类生产力工具的需求也逐渐显露出来。腾讯文档在 2021 年上半年注意到了这一变化，并率先做出了信息无障碍改造的尝试，如图 1-3 所示。

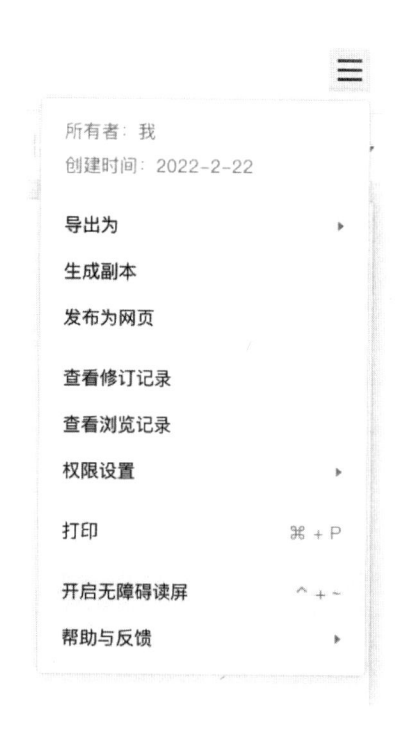

图 1-3　腾讯文档菜单中的无障碍读屏功能

在 2021 年 7 月河南暴雨救灾的过程中，在线文档类工具发挥了重要的作用，成为"多用途"抗洪资源对接平台。

2021 年 7 月 20 日，一位网名叫"manto"的女大学生和她的 30 多位同学一起创建了本次郑州暴雨救灾事件中的第一份在线救援信息汇总文档。24小时内，这份"救命文档"的浏览量已超过250万人次。

多人在线同步修改的在线文档类工具固然给抗疫救灾中各方信息汇总和交流提供了极大的便利，但是面对庞大的数据、复杂的文档格式，普通用户都会眼花缭乱，更何况视障群体。

在新冠肺炎疫情防控逐渐成为常态的背景下，远程在线办公俨然成为一种崭新的办公方式。统计机构袤博（MobTech）的数据显示，2020年新春复工期间，中国共计超过4亿用户远程办公，而且办公的人次数逐步走高，比如2月10日当天突破400万人次。

这一改变在给视障群体带来机会的同时，也给他们带来了困扰。

在线办公，视障用户的机会与困境

无障碍化，是指无论健全人还是残疾人，无论年轻人还是老年人，都可以从无障碍改造后的网站上获取信息和服务，互联网访问公平成为可能。

提到网站的"无障碍改造"时，很多人总觉得这与自己关系不大。但是实际上，2007年的数据显示，当时中国大约有1731万名视力障碍者、2700万名听力障碍者、2500万名运动障碍者、1.54亿名认知障碍者。[①]

除此之外，2021年的数据显示，中国共有2.6亿名老年人。随着身体机能的衰老，大部分老年人有可能成为以上障碍群体的"轻度综合体"。事实上，根据世界卫生组织的计算，人均预期寿命超过70岁的国家，每个人的人生中平均有8年时光处于某种"有障碍状态"，大约占据了人生的11.5%。

---

① 数据来自《2006年第二次全国残疾人抽样调查主要数据公报》。

一方面，如果工作单位支持线上办公，这意味着视障群体可以足不出户在自己熟悉的环境中完成工作，无形之中会极大减少视障群体在交通出行等方面耗费的时间与精力；另一方面，目前国内常用的在线文档工具中，很少有产品在无障碍适配方面能与微软Office本地办公套件相媲美。

如果盲人查阅、编辑的文档必须要在本地的Office软件中"过一遍"，那么盲人的工作效率和职场竞争力必然会降低。

在这种情况下，使每个用户能够更好地使用腾讯文档便成了腾讯产品开发的重要一环，而不能只是考虑对特殊用户的关怀。

值得注意的是，在工业和信息化部2020年年底发布的《互联网应用适老化及无障碍改造专项行动方案》中，腾讯文档并不在要求的首先进行信息无障碍改造的产品名单中。甚至在该名单中也没有与腾讯文档类似的在线办公产品。

但是从企业的用户体验价值方面来看，让视障群体等相关障碍群体可以使用在线办公产品、和大多数人一样平等地使用互联网、平等地获取信息与进行内容创作，是非常有价值的。

腾讯文档对障碍群体的友好与兼容，也在向外界释放一个积极的信号，即腾讯一直在探索不同场景下软件的用户高度友好性。

腾讯文档信息无障碍的逻辑

然而，对于腾讯文档来说，信息无障碍改造并没有那么简单。因为与其他互联网产品不同，文档类产品的逻辑更加复杂。

即便是对视力正常人来说，第一次使用Office类工具也需要一个较长的摸索和学习过程。这是腾讯文档进行无障碍适配改造的一大难点，即如何将视觉语言平滑地转换为听觉语言。

为此，腾讯文档尝试着通过语音播报的方式向视障群体说明每个功能的操作。

但问题是，如果说明得不够恰当、精准，新用户可能因为学习成本太高而放弃使用腾讯文档。如果说明得太详细，对熟悉产品的视障群体来说就是在浪费操作时间。

因此，腾讯文档无障碍化团队在研究了国外无障碍网页产品的读屏设计和设备输入逻辑后，结合腾讯文档自身的特点制定了如下3个原则。

原则一：输入输出，必有回响。

这一原则的目的是将系统反馈和用户操作翻译为"听力通道的语言"，让用户可即时感知自己和腾讯文档的交互，以获得安全感。在腾讯文档的无障碍适配改造中，基础的翻译内容有用户光标所在的位置、系统页面的内容、用户快捷操作（增删改）、系统对快捷操作做出的反馈等。该原则如图 1-4 所示。

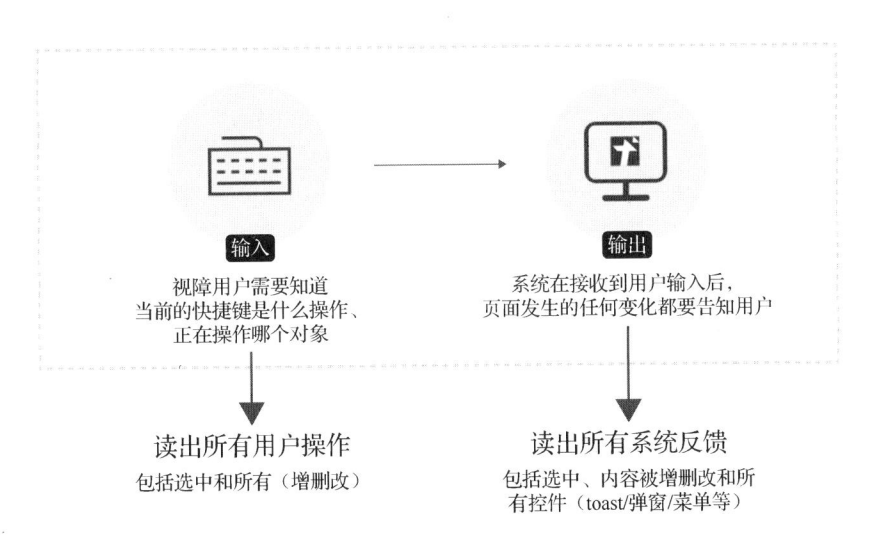

图 1-4 "输入输出，必有回响"原则

原则二：读出那些会影响"认知"的内容格式。

在办公文档中，带格式的文字会影响用户的理解。比如有些文字格式是"标题"，有些文字格式则是"正文"。读屏工具应当指引用户了解目前文字的格式是什么，因为文字格式会影响用户对段落的理解。

与此同时，非文字类的信息应该尽量"文字化"，这对视障用户会更加友好。比如，对带有超链接的文字，也要读出"链接"中的提示。该原则如图 1-5 所示。

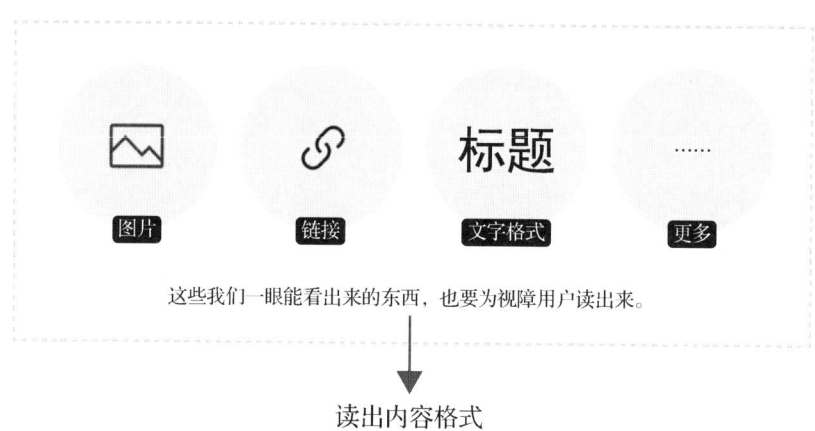

图 1-5 读出那些会影响"认知"的内容格式

原则三：读出结构和位置，以防迷失。

信息的结构和位置是"图形化"的概念。功能菜单在界面的哪个位置、菜单是列表还是宫格，都需要通过视觉感知。

比如，视障用户使用快捷键进入工具栏，再进入某个具体的菜单，读屏工具就应该为视障用户读出菜单有多少个选项，这样可以方便视障用户判断自己目前所选选项的位置，如图 1-6 所示。

但是，在这些原则之外，在线文档类工具的信息无障碍改造还有一个基础的技术性障碍。

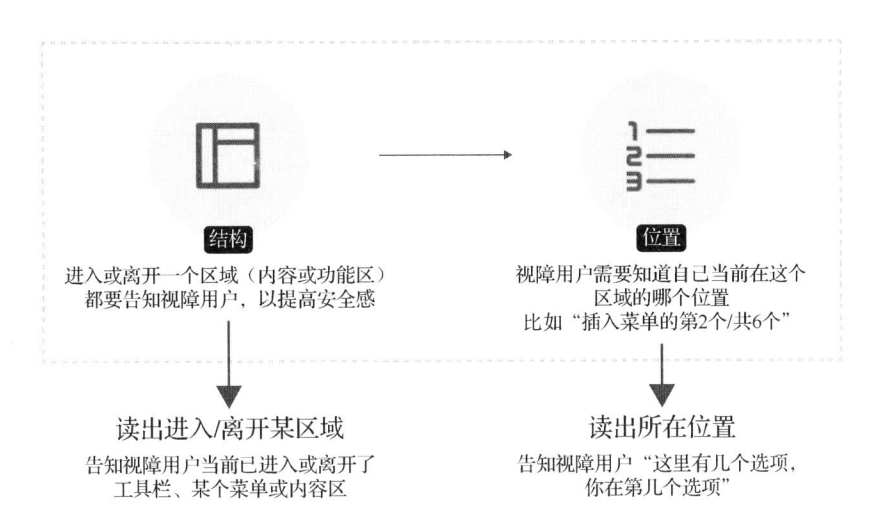

```
┌─────────────────────────────────────────────────────────┐
│   [结构]                          [位置]                 │
│   进入或离开一个区域（内容或功能区）   视障用户需要知道自己当前在这个  │
│   都要告知视障用户，以提高安全感      区域的哪个位置            │
│                                  比如"插入菜单的第2个/共6个"  │
└─────────────────────────────────────────────────────────┘
         ↓                              ↓
    读出进入/离开某区域              读出所在位置
    告知视障用户当前已进入或离开了      告知视障用户"这里有几个选项，
    工具栏、某个菜单或内容区           你在第几个选项"
```

图 1-6　读出结构和位置，以防迷失

信息无障碍改造最基本的逻辑，是给屏幕上的每个元素增加一个隐形的文字标签。视障用户使用光标或手指扫过某个元素的时候，读屏工具会把对应的标签读出来。

在线文档类工具普遍使用的读屏工具是 HTML5 中的一项名为 Canvas（画布）的技术。这项技术是一项图形生成技术，可以实时在网页内绘制一个图形。

因此，我们看到的有大标题、正文、插图、超链接的在线文章，对于读屏工具来说，更像是一张"无法读取"的图片。

腾讯在线文档为了解决这个问题，在页面中添加了一个用户看不见的隐藏 dom 节点。它用来记录用户在 Canvas 上的操作结果，并实时地将需要读出来的内容写入这个隐藏 dom 节点的标签中。

表面上看起来像是读屏工具直接读取了 Canvas 里的内容，实际上读屏工具一直在读取这个不断更新的隐藏 dom 节点里的内容。

他们都在哪里工作

就业多元化一直是视障群体渴望的愿景。

对于视障群体而言，过上城市打工人的生活就是一个向往，他们也想和众多普通而平凡的上班族一样，早出晚归、挤地铁、进写字楼上班。

在现代社会，大多数人都有这样的认知：从来都不会有人一出生就注定可以干什么、不可以干什么。但是盲人与按摩职业的紧密捆绑却是一个例外，伴随着几十年的国家政策的重点扶持，盲人/视障群体的职业生涯被深刻地烙上了按摩师的印记。

早在 1977 年，国务院就下达了相关文件，用以规范、保障盲人按摩师从事保健按摩行业的秩序，并在 2009 年和 2016 年相继下达文件，就盲人/视障群体从事按摩行业的资质认证、权益保护，以及鼓励盲人按摩走规模化、品牌化发展道路等方面，提出了详尽的指导方针和规划。

《2019 年残疾人事业发展统计公报》显示，2019 年全国共培训盲人保健按摩人员 14 678 名、盲人医疗按摩人员 7318 名；当时共有保健按摩机构 13 181 个，医疗按摩机构 894 个。这只是官方登记在册的数据。在现实生活中，街头巷尾、居民楼和办公楼之内可能还有着大量的未被官方统计的盲人按摩师。

以盲人按摩为导向的学习及就业政策，一方面为这个需要关爱的群体提供了一张非常稳固的就业安全网，使绝大多数视障人士能够以自己的双手撑起自己的生活，另一方面也或多或少地弱化了视障群体在其他行业就业的可能性。

难道说盲人就只能做按摩吗？

如果说老一辈的视障人士通过从事按摩行业维持生计、养家糊口就已经得到了某种程度的满足，那么伴随着互联网成长起来的年轻一代视障人士则有着更多对生活、对未来和对自己职业规划的构想。

更多的盲人选择主动走出去，创造自己的未来。盲人程序员、盲人化妆师、盲人调音师、盲人新媒体运营和盲人产品设计师等职位渐渐成为众多年轻一代视障人士新的岗位选择。

在近些年的媒体报道中，我们发现了许多这样的案例。

杜林，作为一名盲人程序员，现在是一家处于创业阶段的科技公司的负责人，在公司业务中负责对外合作和产品设计。公司的主要业务是开发一些视障者应用，同时运作一个知识付费平台，为视障群体提供一些实用的生活技能培训服务。

陈燕，做钢琴调音师已经27年了，现在身为一级钢琴调音师的她，是北京新乐钢琴调律有限责任公司总经理，带着二十几个盲人钢琴调音师在工作，成了一名管理者。

近些年甚至出现了一些专门面向视障群体开发软件、游戏和打造无障碍智能应用环境的公司。这些公司的产品研发、行政、人力资源管理等不同岗位都对视障群体开放，公司的视障员工比例甚至超过总员工人数的1/3。除此之外，也有相当一部分视力正常者和视障人士一起，积极投身于服务视障群体的公益组织活动，通过他们自己的努力使更多的视障人士打开心扉、走上正轨。

"我不喜欢做推拿，可身为盲人，我也没有什么别的选择。钢琴调音师这份工作虽然辛苦，就业压力极大，但是它却赋予了我选择的权利。这份工作不一定美好，但是多了一种选择，或许就可以多照亮一尺盲人脚下的路。我们不害怕吃苦，但是我们想拥有一条属于自己的吃苦的路。"一位年轻的盲人调音师道出了他自己选择职业的理由。

可以预见的是，众多年轻一代视障人士所从事的职业是伴随着互联网的发展应运而生的。这也意味着，他们会对其他人早已熟知的"生产力工具"或"办公软件"提出越来越多的自己的诉求。视障人士和视力正常者相互促进，或许能在未来为视障群体营造一个更多元的职业前景。

腾讯文档希望自己的信息无障碍改造成为这一趋势的新起点。

第四节　让视障用户与老年人顺畅地反馈

城市象限公司尝试的智能盲杖在本质上是一个智能反馈入口。

相比使用声呐避障，智能盲杖更像是架起了一个盲道规划者、维护者与视障用户之间实时、低成本的沟通渠道。而在与优酷无障碍团队沟通过程中我们得知，无障碍剧场之所以得以立项，也是因为反馈系统中视障用户的呼声。

在对视障用户的走访过程中我们发现，建立一个面向他们的有效、稳定、有回应的反馈机制，甚至比推出一个具体的无障碍服务更重要。无论是在物理空间，还是在赛博空间，弱势群体经常面临的问题不是短期的"无所依"，而是长期的"诉求被无视"。

这种无视并不是服务提供方的"无情"导致的，而是因为反馈机制不够顺畅。

2021年年初，腾讯的一款覆盖上亿用户的产品——兔小巢，就关注到了这一点，并做出了自己的努力。

每部手机里都有的隐形产品

在解释兔小巢为视障群体及老年群体做了什么之前，需要首先解释兔小巢本身是什么。

几乎所有中国用户的手机里都有兔小巢，但是听说过它的普通用户可能很少。

兔小巢不是一个面向普通互联网用户的独立产品，而是一款面向开发者的 SaaS（软件即服务）云服务。任何开发者都能通过兔小巢在自己的 App 中添加一个相对完善的"用户反馈"功能。因此，兔小巢其实是"吐小槽"的谐音。

截至 2021 年 6 月，有超过 1 万款不同的产品使用了兔小巢的服务来与用户沟通，包括 QQ、微信电子医保卡、腾讯文档和企业微信等腾讯的大部分产品，以及许多其他开发者开发的产品。

在这些互联网产品中点进"意见反馈"，用户可以通过一个简洁的通道提出自己对产品的困惑和改进建议，这也方便了产品的运维人员对这些反馈进行回复或导出数据以推进下一步的研发改进。

用户反馈系统与客服系统的定位并不相同，客服系统解决的往往是用户在使用过程中应急的、一次性的或个例的问题。采用图文静态对话沟通的用户反馈系统，更着力于鼓励用户对产品长期缺陷或不足的表达。

作为一个"ToB"类服务，兔小巢与老年用户和视障用户的距离似乎很远。但是实际上并不是如此，"用户反馈"功能对于大部分普通用户来说可能可有可无，但是对于那些"容易遇到问题的用户"来说则不可或缺。

用户反馈渠道不通畅会使数字弱势群体变得更弱势。因此，在 2021 年 3 月，兔小巢启动了对自身的适老化及无障碍改造。

一个"ToB"产品的改造

兔小巢整体进行了两个方向的改变。一个是在适老化方面，兔小巢按照相关的标准对页面、字体、字号进行了修改，使得页面的字号大小可以与App内的字号设置进行联动，避免老人需要重复设置字号。同时，兔小巢对页面的颜色和对比度进行了调整，以满足老年人及视力较弱用户的辨认需求。

另一个是在无障碍化方面，兔小巢进行了对读屏工具的适配，并且调整了界面中许多元素的文案，以帮助视障用户更好地理解每个元素的作用，如图1-7所示。

（a） （b）

图1-7 兔小巢适老化、无障碍化适配的部分改造细节

2021年，工业和信息化部下发了一系列与网站和移动应用相关的适老化和无障碍改造规范。与盲道建设规范性文件一样，这些规范性文件十分关注细节。

但是在赛博空间里，仅仅满足规范性文件中的要求，并不一定能够完全实现无障碍的效果。

比如在规范性文件中，字体、字号、字形、版面排布、对比度和颜色使用等方面都有非常精确的规定。但是互联网产品不是城市道路，是一种更为复杂的产品形态，它有很多"主观"的地方，规范性文件是难以给出直接指导的。

比如工业和信息化部2021年发布的《互联网网站适老化通用设计规范》中规定了"提供适老化服务的网站栏目或服务，避免采用专业词语或网络新词语作为访问目标和结果表达。如确有必要，应在用户操作前给予必要的提示"。

对于什么是"专业词语"和什么是"新词语"，不同的人有不同的理解。60岁以上年龄的人都算老年人，但是60岁的老年人与80岁的老年人在数字素养上完全不同。因为对于60岁的老年人来说，在20年前互联网飞速扩张的时候，他们还处于年富力强的40岁，因此他们中的许多人的数字素养不一定比年轻人要差。

具体来说，有的产品会为了更贴近用户，将"提交"按钮上面的文案设计成"写好了"或者"说完了"。但是对于一些不了解互联网产品的用户来说，这可能会让人误以为上面的文案是"写字"或"录音"的意思。

帮助其他产品做好信息无障碍与适老化

在兔小巢适老化和无障碍改造过程的可用性测试中,一位有视觉障碍与认知障碍的用户说了一句话,让兔小巢的团队既满足又心酸。

他说:"你们已经做得很好了。"

但是在此之前,这位用户前前后后花了2个小时才完成测试任务,比其他受测试用户多用了一倍的时间。整个测试的过程中,兔小巢的团队也发现了改造方案中一些没有处理好的部分,并进行了进一步的改进。

在这位障碍用户看来,"你们已经做得很好了",是因为在平时他需要花更多的时间和精力来完成他想要完成的操作,以至于会怀疑是不是自己"太没用",才会用不好那些对于别人来说轻而易举的功能。

许多产品在长期的运营过程中,会发现没有什么来自弱势群体的反馈,这反而可能是一件更可怕的事情。因为这很有可能意味着产品对于这些弱势群体来说完全不可用。

帮助互联网听见弱势群体反馈的声音,就是兔小巢这次无障碍改造想要实现的目标。

正如在前文中提到的,视障群体在生活方式、日常娱乐和行动方法上都与视力正常人有些不同。但是与面向视力正常用户的产品拥有相对成熟的方法论相比,大部分无障碍产品在研发过程中缺乏对弱势群体的调研、观察和建模。

因为在互联网研发和运营的常规流程中,产品方本来就难以倾听或观察到来自视障用户和老年人的诉求,即便是产品方想要对产品做出改进,也不一定就能做出真正满足这些用户的需求的设计,有时甚至会"好心办坏事"。

比如，曾经有一款互联网产品为了更好地服务视障用户，在自己的 App 中内置了"语音播报"功能，却忽略了所有视障用户都必然使用手机自带的读屏工具的情况。该功能上线之后与手机自带的读屏工具"打架"，反而使视障用户无法正常使用 App。

这种情况就要求企业或产品开发者在赛博空间里"修建盲道"之前，要先搞清楚视障群体在赛博空间里都有哪些需求与需要解决的问题，才能避免现实世界中盲道的问题再次出现。

尽管看上去，改进数字产品比重修现实中的城市道路要简单，但是成本最低的方式其实还是在前期做好规划，尽量减少"后期适配"和"后期改造"。

一个产品，如果能够在最初开发或某个正式版本发行前，就做好信息无障碍及适老化的工作，要比先按正常的流程将版本开发出来，再去做"适老化改造"和"无障碍适配"，成本低许多。因为后一种模式意味着，要将许多已经完成的工作推倒重来，这并不比物理世界里将路面挖开重修简单多少。

作为一款"一般用户接触不到的"SaaS 产品，兔小巢最初决定做适老化和无障碍改造的动机与其他产品不太一样。兔小巢希望能够通过自身的适老化与无障碍改造帮助腾讯其他产品和所有接入了兔小巢的合作伙伴完成自己的可用性改造。因此，这个初衷还推动了部分使用兔小巢服务的产品在自己的意见反馈系统中设置了信息无障碍和适老化的选项，这些产品现在能够更有针对性地收集来自弱势群体的意见与建议，让特殊用户与互联网产品之间有的放矢地双向促进。

第五节　尚无最佳方案的信息无障碍

信息无障碍的长期难点

长期以来，还有一个隐藏的因素影响着国内信息无障碍的发展，那就是无障碍的产品研发人员梯队没能形成稳定的市场化供应。

简单来说，就是一位资深的无障碍产品研发人员不一定好找工作，企业也不一定总是能招到资深的无障碍产品研发人员。

随着移动互联网的普及，互联网产品的研发似乎已经常态化，我们经常听到有人说"现在连卖个红薯都要开发一个 App 或至少做一个小程序"。而且，互联网产品研发对专业技术人员的依赖在过去几年里从未显著减少。在最小规模下，一个产品的研发至少需要 5 个关键岗位——产品经理、设计师、研发工程师、测试工程师和运维人员。

产品经理要将市场或用户的需求整理成产品文档与原型图。产品文档用于指挥和引导整个研发工程，决定了设计师要画什么图、程序员要编写什么功能等。

设计师会根据产品经理交付的原型图设计出产品最终交付到用户手中时的各种界面和元素。同时，研发工程师将产品的实际功能开发出来，再不断地将设计稿中的界面和元素加入产品。

在产品初步完成后，测试工程师会对产品进行测试，包括测试产品是否能按预期实现其功能，还包括模拟用户使用过程中，产品是否能在非预期状况下给出正常的反馈等。

在测试完成之后，产品就可以上线了。上线后，运维人员会对产品中预设的一些需要长线人力参与的部分进行持续的维护，保证产品的可用性。

对于许多复杂的软件来说，每个小功能可能都有一整条链条的人在支撑，才能让这个功能长期运转。

在商业产品中，整个产品研发链条与个人职业成就是相关的。

研发社交App的产品经理、研发工程师、设计师、测试工程师或运维人员，会因为他们研发的社交App获得市场的认可而得到晋升和奖金回报，简历也会在后续的职业生涯中为他们加分。这是一条十分自然的发展路径。

但是在信息无障碍领域，这样的相关关系往往并不存在。

一个普通的工程师，要么是因为个人道德上的驱动投身信息无障碍的开发，要么是因为公司道德上的驱动被安排进行信息无障碍的开发。但是从个人职业生涯的角度考虑，尤其是对于年轻的互联网人来说，在原本单薄的工作阅历中加上一行"无障碍开发"，并不能成为一项引人注目的加分项。

这就导致一个产品研发新人好不容易成了信息无障碍开发的"熟手"，就不得不面对"是否要为了自己的职业前途离开这一领域"这样的问题而做出抉择了。

所以，中国的许多互联网产品在信息无障碍领域"忽好忽坏"，很可能是因为懂用户、技术好的一线无障碍产品研发人员"忽有忽无"。

为解决这一困局，有限度的商业化可能是其中一种探索方式，在下文中，我们可以看到一些有益的实践。

关爱与歧视的一墙之隔

优酷在做无障碍剧场项目的时候，曾经遭受到一个挫折。

2021年12月，优酷无障碍剧场上线，为了缩短视障用户的进入路径，优酷在最初上线的版本中设置了一个判断逻辑。一旦检测到用户的手机开启了系统自带的"旁白/TalkBack（对讲）"功能，"优酷"App首页的一个轮播封面图会变成无障碍剧场的入口。

然而，这个看似好意的捷径却遭到了许多视障用户的投诉。

我们曾向受访的其他产品经理讲述了优酷遇到的这个问题，受访者明显分为了两类。不曾做过无障碍产品经理大多不能理解这是为什么，而做过无障碍产品经理则会会心一笑。

这种捷径事实上忽略了视障用户内心想被视作普通人的需求。对于许多视障用户来说，他们其实并不希望被特殊化，而希望被公平地对待。这种过分突出入口的做法隐含着一种"视障用户就该看无障碍电影"的潜在逻辑。而这种特殊对待在某些情况下可能被视为一种偏见。

比如，曾经有互联网公司为自己的App推出了一个单独的"视障版本"，这个视障版本App好心地在保留了该App主要功能的同时，内置了一个语音播报系统，会自动地将App的界面读出来。

这完全是只有视力正常的产品研发团队才会犯的"好心的错误"。事实上，视障用户在使用智能手机时，为了提高使用的效率，往往会将手机的旁白功能的播放速度调成一定倍速，以更快速地"摸清"App的界面。但是这个独立的视障版本App的语音播报系统无法关闭，与手机自带的读屏工具互相"打架"，而且阅读界面的速度还慢慢悠悠。不仅没有起到帮助视障用户的作用，反而添了不少麻烦。

大多数视障用户理想中的无障碍产品是在普通App版本上首先做好与手机系统无障碍功能的适配，然后依据系统无障碍的逻辑进行一些细节上的优化。这才是在真正地清理数字高速公路上的"障碍"，而不是去单独修一条人迹罕至的"小道"。

Tech for Good

总策划 司晓
       赵建凡

主编 王强 王晓冰
      周政华

联合出品 王海京
          腾讯研究院
          刘琴松
          中国发展出版社

CONTACT US
联系我们

腾讯研究院公共邮箱：
tencentresearch@tencent.com

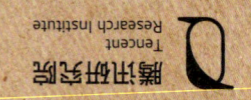

腾讯研究院公众号　　腾讯研究院智酷君

腾讯研究院
Tencent
Research Institute

对待弱势群体的关怀，往往和歧视只有一墙之隔。这一点，我们在下文中会继续见证。

其实在无障碍领域，这种现象的发生还有更深层次的原因。

技术向善议题召集人朱汐曾在接受我们采访时打趣地说："一个无障碍项目如果在大厂内叫'项目'，那结局大概不会太好。因为项目是会结束的，但有无障碍需求的人群一直都在。"

这是国内许多无障碍适配项目存在的典型问题之一。

2021 年，中国移动互联网用户人均安装超过 50 个 App，这意味着如果以单独设立无障碍版本的模式开发，需要开发出至少 50 个视障版本 App 才能满足视障用户的需求。但是这还不是全部。听障用户呢？又需要开发出至少 50 个听障版本 App。肢体残疾用户呢？需要再开发出至少 50 个肢体残疾版本 App。老年用户呢？依此类推。

因此，单独设立无障碍版本的模式很容易陷入"版本的无限战争"。而这些无障碍版本的独立开发往往需要大量的投入，很容易在一段时间之后因为成本原因停止更新或不再维护。

打开手机，尽管我们常用 App 的外观可能与 5 年前没有太大的区别，但是其实每个 App 的内部在过去 5 年时间里都已经发生了巨大的变化。而这些 App 的变化也是业务、逻辑、关键流程的变化。

与其建立起一个个静态的、独立的无障碍版本，不如将无障碍设计融入普通版本的正常开发流程，让需要特殊关怀的群体能像普通用户那样使用 App，这才是更为长远的信息无障碍发展道路。

事实上，这不一定会让企业"徒增成本"。

北京市红丹丹视障文化服务中心执行主任曾鑫在接受访谈时也提到，中国视障群体的收入并不算高，但是由于在物理世界中行动没有那么便捷，他们对能够真正满足自己需求的优质娱乐产品、内容产品和互联网服务却有较高的付费意愿。

这并不是说企业应该"趁火打劫"、狠狠地赚上视障群体一笔——这原本就是很不道德的行为。视障群体本身也希望能够获得更具持续性的服务和产品，而不是总是需要依靠自身的弱势地位谋求企业与社会的"布施"。这也关乎包括视障群体在内的弱势群体的自尊心，在大多数情况下，他们宁愿"花钱"，也不愿意"卖惨"。

中国的视障群体规模达 1700 万人，这与荷兰的总人口大体相当。纯粹的慈善与公益能够解决很多问题，但是你无法想象以纯公益的方式满足那么多人衣食住行的所有需求。

在商业社会中，让有障碍的群体能够无障碍地享有消费者正常的权利，也是最高效地提升这些群体生活水平的方式之一。

相反，客观上营造出一种只让特殊群体使用福利性产品的氛围，本身就是一种"偏见"与"歧视"。

尝试与探索

困扰信息无障碍的另一个问题是，许多问题在当下并没有最佳方案或标准答案。

我们在调研的过程中发现，许多盲人朋友在长期的生活实践中确实找到了比盲道更好的出行方案。比如通过手机地图的语音导航，加上比较专业的盲杖使用训练，可以实现城市内全地形的无障碍出行。

事实上，在城市建设领域，盲道的规划和治理确实有些像只是在信息无障碍实践中为视障群体专门开设"小路"，而不是理想地让他们像视力正常人一样能在任何道路上畅通无阻。

因此，一部分更年轻的视障人士和视障群体扶助组织更倾向于选择的"盲道"出行方案，可能会在未来很短的时间内被技术辅助和导盲犬淘汰。现有的人力、技术和金钱资源应当向更新的方案倾斜，以确保从长期来看不至于让视障群体总是"落后社会一步"。

同样的问题其实不只出现在视障群体中，听障群体中也有类似的争议。比如有人主张应当逐渐淘汰手语，因为随着文盲率的降低、移动电子设备的普及、视频平台字幕的标配化，必须使用手语交流的场景正在迅速变少，而学习使用手语又会挤占听障人士学习其他知识的时间。

随着几十年来中国经济的飞速发展，中国社会整体面向特殊群体的保障及关怀措施正在变得越来越好。中国在经济领域的诸多举措学习和借鉴了欧美和日本等国家和地区的经验，我们的许多无障碍方案也是从发达国家那里借鉴而来的。

这些借鉴而来的经验不一定能够很好地适应飞速发展和转型中的中国的国情。以盲道为例，这个源自日本的解决方案在日本本土的效果一直优于包括中国在内的其他地区，其中有两条"日本国情"功不可没。

其一是，日本城市即便是在核心区也存在大量的单车道、单行线小路，类似中国城市老城区中的"胡同"或"弄堂"。这种小路是不铺设盲道的，因为这些路段道路狭窄，人车混行是常态，车速和行人步行速度都比较低。在这种情况下，视力正常行人和视障行人都是顺着墙根走，不需要完整的盲道来指引盲人，只需要在与大路交接的路口使用"会说话"的红绿灯或盲砖提示盲人即可。

其二是，日本社会整体的规则感使得每个人更加注意盲道的不合理占用问题。也就是说如果有商家长时间占用盲道，可能根本等不到盲人走过就会被其他路人投诉。

虽然这些传统举措不尽完美，但是超越这些传统举措的下一代方案也不一定真的就是最佳的方案。

比如在视觉无障碍领域，下一代方案有多种不同的演进路线，本章提到的通过技术手段改善盲道只是其中的一种，但并不一定是最优解。除此之外，导盲犬、全地形盲杖培训、电子视觉导航、电子盲杖等方案都在尝试解决视觉障碍问题。每个方案既有优势与长处，也面临着困境。

这就像是在经济发展中"摸着石头过河"，社会创新也是在"摸着石头过河"，我们现在看到的好方案也许与十年后真正落地执行的完美方案相差"十万八千里"。但即便是在某个方向上的探索进入了"死胡同"，也是值得的，它至少验证了某条路是走不通的。

对于特殊群体来说，更重要的是满足他们基础需求的同时，给予他们更多的选择。

比如在就业领域，中国政府主导的盲人按摩行业成了盲人/视障群体一个稳固且安全的就业网。在此之上，盲人呼叫中心、盲人大数据标注中心、盲人有声书录制平台，甚至是盲人新媒体运营和盲人研发，都为更年轻、更有闯劲的视障人士带来了更多的职业选择。

一些视障人士喜欢从事盲人按摩，因为两点一线的生活更安稳，也没有竞争压力。一些视障人士想要从事编程工作，因为这样能够进入一个全新的虚拟世界。一些视障人士喜欢盲道，因为他们可能的出行路线是固定的，他们也不喜欢复杂的电子设备和盲杖技巧。一些视障人士可能更喜欢导盲犬与电子设备，他们想去更广阔的世界走走。

创新与竞争总是相伴出现，也会同时给大众带来更多的选择。

在科技变迁、新老范式交接的当下，"一起做好事"的社会价值创新也会迎来一个全新的时代。

第二章
数字适老,字号变大以外的一切

2021 年，中国最火的一首歌是哪一首？

如果你是一位网络原住民，大概会毫不犹豫地给出《漠河舞厅》的答案。这首由中国民谣歌手柳爽在 2020 年发布的作品，在短视频平台上掀起了翻唱、卡点、配乐、改编的热潮，成了当之无愧的 2021 年乐坛中不可忽视的现象级歌曲。

如果你是一位广场舞爱好者，那么给出的答案则可能是由歌手王琪在 2021 年春晚舞台上演唱的歌曲——《可可托海的牧羊人》。

这首歌在春晚第二天登上微博热搜，迅速问鼎 QQ 音乐、网易云音乐等主流音乐流媒体平台的热度榜单，并在各大 K 歌软件的排行榜中霸榜了一整年，全网拥有超过 29 亿次的播放量。

从数据上看，《可可托海的牧羊人》与《漠河舞厅》的热度不分伯仲，由于统计口径和周期的差异，真的很难分清谁是第一名。

相较之下，《可可托海的牧羊人》引发的公众讨论和媒体关注度却远远小于《漠河舞厅》。

与《可可托海的牧羊人》一样，热度总是略逊一筹的，还有中国近 2.6 亿规模的老年群体。

2021年5月11日,国家统计局公布了《第七次全国人口普查主要数据情况》。根据该普查数据,60岁及以上的为26 402万人,占总人口的18.70%(其中,65岁及以上的为19 064万人,占总人口的13.50%)。

一时间,中国人口结构引起了媒体热议。

回溯十余年,根据2010年11月公布的第六次全国人口普查数据,那时中国60岁及以上的约为1.78亿人,占当时总人口的13.26%。这个比例虽然看起来不大,但是从绝对人口来说规模也非常可观。

在过去的十年中,一方面中国的老龄人口在基数和比例上的确有所增加,另一方面中国互联网行业的发展让整个社会的数字化进程实现了一次"弯道超车"。

两者之间的张力早就存在,但是直到新冠肺炎疫情袭来,才使矛盾首次完整地暴露在全社会面前。

当人们纷纷深度接触社区服务、直播带货、远程办公等数字化手段和工具时,老年群体的适应力不足问题开始显现。在疫情防控期间,一些老年人在出门乘坐公共交通工具时,因没有携带手机无法出示健康码而被拒载;一些公共服务部门,因取消了线下服务渠道,导致老年人无法办理业务……

类似的场景反复出现,不仅引发了媒体的广泛报道,也引起了政府主管部门的关注。在这个时候,人们才猛然发现,快速推进的数字化在给人们的生活、社会的运行带来便利的同时,也对一些暂时尚未跟上数字化节奏的人造成了困扰,其中老年群体遇到的问题尤其集中。

2020年9月颁布的《工业和信息化部 中国残疾人联合会关于推进信息无障碍的指导意见》明确聚焦老年人、残疾人、偏远地区居民、文化差异人群等信息无障碍重点受益群体,着重消除信息消费资费、终端设备、服务与应用三方面障碍,使各类社会群体都能平等方便地获取、使用信息。

而在 2020 年 11 月,《国务院办公厅印发关于切实解决老年人运用智能技术困难实施方案的通知》中提出,各地区、各部门要落实主体责任,加强工作统筹,建立工作台账,明确时间表和路线图,聚焦涉及老年人的高频事项和服务场景,坚持传统服务方式与智能化服务创新并行,切实解决老年人在运用智能技术方面遇到的突出困难,确保各项工作做实做细、落实到位,为老年人提供更周全、更贴心、更直接的便利化服务。

这场由政府主管部门发起的适老化改造,将原本由各大科技公司自发推进的"科技适老"从"自选项"变成了"必选项",从应用于部分产品的改造扩大到了所有产品的主动适应。

此次适老化改造也推出了非常详细的设计规范。

以字体设计为例,工业和信息化部发布的《互联网网站适老化通用设计规范》(以下简称《规范》)提出,在不依赖操作系统和浏览器的前提下,计算机适老化网页应提供网页的放大设置与大字屏幕服务,移动网页至少提供一种 18dp/pt 及以上的大字体。

对于各大互联网产品来说,适老化改造既要满足《规范》的要求,又要结合具体场景进行适配。比如,具体到一些 App 的操作界面:如果完全按照《规范》要求的字号,会存在功能显示不完整的情况;如果整个屏幕只显示部分功能,不仅对产品来说是一种损失,而且对用户来说也是不太友好的体验。这就需要和适老化改造的相关部门沟通。

从某种程度上来说,这是中国互联网行业第一次全面、深度拥抱老年人,如果说过去是老年人在追着年轻的互联网跑,这次终于是互联网行业系统全面地为老年人进行改造升级。因此,这种改造升级所带来的工作量也是巨大的,可能和外部了解的局部适配不同,有些针对老年人的应用场景需要重新设计。

而从首批适老化及无障碍改造 App 名单中看,生活购物及休闲娱乐类

App 属于重点领域，比如人们日常使用的购物类应用：淘宝、京东、拼多多、闲鱼；美食外卖类应用：饿了么、美团；娱乐类应用：抖音、火山小视频、喜马拉雅听书、爱奇艺、优酷、全民 K 歌、唱吧等。

很多适老化改造的产品本身都是行业头部产品，体量大，一个小小的图标背后有着成千上万的功能和数以千万计甚至上亿计的用户。如果全部重新设计的话，投入肯定非常大。很多产品为了赶上最终的验收节点，只能倒排工期。有的是在 App 上单独新增适老功能，有的是在 App 首页位置增加入口或支持切换至适老版本。

与以往自发的适老改造不同的是，这次的适老化改造特别增加了持续运营的要求，也就是产品不能在做完一次性的改造后就束之高阁，还需要继续更新。对于产品团队而言，新增的适老功能或者页面要和其他页面一样去维护和更新。持续运营一段时间之后，有必要对适老化改造的 App 进行抽查。

这对科技产品的长期适老化改造及优化来说，无疑是一个利好消息。尤其是相比之前的项目模式而言，持续运营的要求显然更有利于相关人才的培养，以及科技公司对类似问题的长期关注。

第一节　一张"土味"表情包的门槛与动机

在研究"怎么做"之前，首先映入眼帘的一个问题是"为什么？"

老年人因为什么才要使用智能手机和互联网？

对于中国的很多老年人来说，人生的大多数时光中没有互联网的存在。他们早已习惯了传统的线下衣食住行、吃喝玩乐，甚至曾经的工作、社交都完全与互联网没有交集。

尽管移动互联网在不断地渗透生活场景，特别是新冠肺炎疫情防控时期的防疫要求加速了数字化进程，客观上使得老年人有了"触网"的需求，但是实际上这仍然不是老年人使用互联网的第一原动力。

在我们的长期调研中发现，老年人上网的第一诉求，其实是因为"你"在那里——你，我，年轻人——老年人们的孩子们。

腾讯研究院高级研究员陆诗雨调研发现，情感永远是驱动老年人触网的第一引擎。许多老年人使用智能手机、微信的第一诉求都是"和远方的子女沟通"。

对于农村老年人而言，这一点显得更为突出。

2019 年，有学者在河南省辉县市高庄乡进行了一次中等规模的实证调研。高庄乡位于河南省西北部，农村居民人均可支配收入是 13 822 元，处于河南省中游水平，60 岁及以上的老年人约占总人口的 14.6%，是一个在全国具有普遍特征的村庄。

调研发现，互联网的接入和使用显著加强了农村老年人与其亲密联系人之间的交流，为他们提供了方便的生活和学习服务，尤其激发了农村老年群体的学习兴趣和生活信心，对改善农村老年群体的精神状态具有积极意义[①]。

还有一则对农村老年人社交进行的跟踪调查，以数据解释了社交对农村老年人各种正向影响的作用路径：社交活动可以提高老年人的精神健康水平，显著提高老年人看病的及时性，进而有效提升老年人的生活满意度[②]。

显而易见，为农村留守老年人保留甚至创造更多的"连接点"是弥补其

---

① 王恩豪. 农村老年群体的智能手机使用及其影响研究 [D]. 郑州大学, 2019.
② 刘西国. 社交活动如何影响农村老年人生活满意度 [J]. 人口与经济, 2016（02）: 40-47.

精神慰藉、调动其生命积极性的必要条件，而各种轻便的数字连接就是助力农村留守老年人"再连接""再社会化"的第一步。

对于受病痛折磨、缺乏关怀的留守老年人来讲，如何帮助他们重拾生活的信心，以更加健康、积极的方式参与晚年生活呢？

一则新近的田野调查的对象是湖北省嘉鱼县簰洲湾镇所辖的6个行政村（辖区内共14个行政村）中的405位老人，调研人员以"K-均值"的方法识别出农村老年人的5种社会网络类型，颇具参考意义，如表2-1所示。

表2-1 农村老年人的社会网络类型及其占比

社会网络类型	核心特点	占比
多样性网络	近亲属交往数量最多，与近亲属和子女交往也最频繁，参与社会活动的频率最高	20.74%
限制型网络	与多样型网络恰好相反，与各种人群的交往都很少，尤其体现在与朋友交往方面	13.30%
家庭限制型网络	可以算作是限制型网络的一个亚型，最大的差异在于与子女来往较多，但是与其他社会成员的交往很少，参与社会活动也很少	16.30%
家庭型网络	子女数量较多，与子女交往频繁，但是社会活动参与度不高，不过高于家庭限制型网络	27.36%
朋友型网络	与朋友交往频繁，朋友数量也最多，参与社会活动的频率也较高，仅低于多样型网络	22.30%

农村老年人的社会网络类型对其精神健康有着显著的影响，"限制型网络"和"家庭限制型网络"类型的农村老年人的精神健康水平很低，"家庭型网络"类型的农村老年人的精神健康水平低于"朋友型网络"类型的农村老年人，"多样性网络"类型的农村老年人精神健康水平最高[1]。

---

[1] 叶丽萍.农村老年人社会网络类型与健康及其行为关联机制研究[D].华中科技大学，2019.

然而子女外出打工、亲邻搬迁至城镇等原因使得农村留守老年人中"限制型网络"类型的人口比例更高，数字化的社会互动能够以更低的成本、更高效的连接帮助留守老年人修复、充实社会网络。

但是需要注意的是，我们并不鼓励把老年人推向一个漫无边际的浩大网络，我们更鼓励老年人借助数字科技融入一个组织、集体或兴趣小组，获得充分的练习、归属感和自信心。

数字化的社会互动对老年人的帮助不仅可以涵盖社交网络，还可以通过各种充满用户互动的数字内容产品，如老年人喜闻乐见的长短视频、棋牌游戏，为老年人建立虚拟的补充社会网络。比如快手近年来就多次举办了"广场舞大赛"，中老年人拍摄广场舞队伍视频与其他队伍 PK，累计曝光量已经高达 800 亿人次。

我们经常会在微信上收到长辈们发来的"早上好"消息，还带着闪烁的玫瑰花图案，这是一个有可能被我们嫌弃的表情包。但是实际上，"发表情包"这个操作拆解下来需要 8 个步骤。

年轻人可能从来没有细想过，发一个"早上好"的表情包需要几个步骤，长辈们为什么要发这样的表情包。

理解了长辈们鼓起勇气闯入一个陌生的虚拟世界的初衷之后，我们才能更好地为他们提供帮助。

第二节　从智能手机开始的适老化

21 世纪以来，人类进入了智能手机大发展的时代，这注定了未来老年人将被迫卷入数字化生活的命运。

其中，苹果公司是最早注意到智能手机软件需要适老化的公司之一。

早在 2008 年，苹果在同 iPhone 3 GS 一起发布的 iOS 3.0 系统中加入了复制、粘贴功能，同时加入的还有一个"游标放大镜"功能。如果你有 iOS 设备，可以试着在一个文本框中长按，指尖触控位置的上方会出现一个放大镜一样的弹窗，将手指按压住的区域以更大的面积显示在未被手指遮挡的区域，并且支持该弹窗在文字间移动。

这个功能自在 iOS 3.0 系统中加入之后，在 2019 年发布的 iOS 13 系统和 2020 年发布的 iOS 14 系统两个版本中被去掉，后因用户反馈强烈，iOS 15 系统又重新加入了该功能。

在过去的十余年里，智能手机行业飞速迭代，不断改变和推动着我们的数字化生活。

但是与此同时，老年人思维、行动的"慢"与智能手机更新迭代速度的"快"形成了鲜明对比。面对智能手机，许多老年人不会用、不敢用，成了"数字难民"。

本来，在理想情况下，通过手机，老年人可以和家人、朋友保持联系，在紧急情况下寻求帮助、记录生活的美好瞬间、进行娱乐活动……可靠的手机能显著提高老年人的幸福指数。而且，老年人如今与数字技术的联系的确比以往任何时候都更加紧密。

对于老年人来说，什么样的手机才是最好用的呢？

适老化的需求源于智能手机在过去十余年里的普及。也正因为如此，智能手机公司的适老化改造其实远早于互联网公司。

从 2013 年开始，国内手机厂商陆续在手机系统层面做出了许多值得称赞的创新。

比如，依据老年人的生理机能变化，推出了简易模式；体察老年人的情感需求，上线了屏幕共享、远程守护功能；线上线下相结合，各种面向老年人使用智能手机的培训层出不穷。在这里我们以OPPO、华为、小米等品牌为例，观察手机厂商在适老化方面的最新尝试。

简易模式或老年模式

相比当下智能手机的飞速迭代，老年人在感知、操作等方面发生着不同程度的衰退。

老年人视野范围变窄，更容易注意手机屏幕的中心区域；对颜色不再敏感，偏爱更强烈的对比度；看不清细节，偏爱更大的字号和图标。听觉衰退则是更加复杂的过程，老年人最开始会听不清某些分贝、频率的声音。老年人的触觉也不再敏感，精细操作能力下降，通过滑动、点触等方式使用手机时，需要的触控力度要比年轻人大，因此设计者需要放大触控图标的尺寸。

手机厂商推出的简易模式或老年模式正是针对老年人的生理机能变化情况而量身定制的。

华为、小米、OPPO等品牌在过去几年里推出了各自的简易模式，开启简易模式后，手机桌面更加简洁，App图标随之变大，扬声器声音也会增大。比如，OPPO手机支持屏幕朗读功能，开启后就可以对老年人手指触摸到的屏幕上的文字、内容和操作进行朗读，而声音增强功能使老年人戴上耳机后更好地听清楚环境音，避免强音刺激耳朵，保护老年人听力。

小米手机开启简易模式后，手机屏幕下方的常用应用为通话、短信和相机，其他的常用应用会分布在桌面上，自带的第三方软件除了支付宝和抖音，都被收进了"其他应用"之中，向左滑动可以设置一键呼叫联系人，此时的输入法也会自动切换成手写输入模式。

华为手机的简易模式和小米手机差不多，但是其左侧没有快捷拨号栏，用户需要在联系人里将其主动添加到桌面。华为自带的第三方软件更多一些，输入法同样会切换为手写输入模式。此外，华为手机的设置界面采用了非常复古的设计，将老年人常用的功能罗列出来，简洁易懂，还会配合按键反馈的声音，其余功能则收在"更多设置"之中。

由此可见，OPPO、华为、小米等品牌综合考虑了老年人的生理机能变化，更大的图标、字体，更响亮的声音，更简易的操作界面，无一不是在帮助老年人更好地使用智能手机技术。

远程守护

除了简易模式或老年模式，手机厂商还为老年人做了哪些努力？

2021年9月，凤凰网科技频道实地走访多个社区，拜访了44位老年人，聆听他们对智能手机的真实需求，发现字号、声音不够大并不是老年人使用智能手机最大的困难。

使用应用、下载应用、更改设置，是老年人使用智能手机遇到的三大问题。这也充分说明，手机适老化做到简易模式或老年模式的设计只是第一步，在此基础之上，如何教会老年人使用智能手机或许更为重要。

移动内容平台趣头条联合上海交通大学媒体与传播学院融合传播研究中心、澎湃新闻发布的《2021老年人手机使用报告》显示，当遇到手机使用问题时，老年人最盼望的解决方式是子女的耐心教导，其次才是社区课程、老年大学、网络教学视频等解决方案。所以，各大手机厂商在推出简易模式的同时，也纷纷上线屏幕共享、远程守护功能，助力数字反哺。

2021年3月，OPPO在ColorOS 11中推出屏幕共享功能与远程守护功能。

老年人在使用手机遇到问题时，可以将屏幕分享给子女，子女利用此功能教父母如何发朋友圈、如何追剧，甚至还可以共同逛淘宝商场并选购商品……在整个过程中，父母能够实时查看子女的操作步骤，学会功能的使用；父母在外打车、出示付款码遇到问题时，子女还可通过屏幕共享功能代替父母操作手机。

当前网络环境纷繁复杂，针对老年群体的网络诈骗屡有发生，一些老年人过度沉迷短视频也是另一大隐患。因此，科技不仅要适老，还需要护老。OPPO 远程守护功能能够帮助子女远程管理父母的手机。将两部手机绑定后，子女就能实时查看父母的所在位置、运动步数、手机电量，以在必要之时发出提醒；该功能还可以通过划定安全区域避免父母走失，父母离开安全区域后，子女的手机就能收到提醒。

此外，当父母收到诈骗类电话、短信，遇到手机病毒、支付风险时，手机也能向子女发出安全提醒，子女的及时干预可以降低父母受骗的风险。

OPPO 远程守护功能中限制 App 使用时间的功能，对于解决老年人过度沉迷短视频的问题有重要作用。与之相似，小米的"风筝守护"App，通过微信或小米账号登录后就可以绑定设备，从而帮助子女实现对父母信息的掌握，避免风险发生。

除了手机厂商，腾讯旗下的应用宝也在 2018 年推出了长辈关怀模式，该模式可在任何安卓手机上实现子女对长辈手机的远程协助。该模式除了能够直接帮助老年人进行操作，还支持远程在屏幕上"画圈圈"的涂鸦功能，为子女远程教长辈使用手机提供了便利，而不只是帮助他们迈过一次性的门槛。

中国手机厂商的适老化工作开展得比较早，从系统层面上为适老化提供了基础平台。但是在实践过程中也存在一些问题，毕竟用户对智能手机的需求是多种多样的，而实现这些需求可能需要调用多个 App 的多种功能。

系统层面的适老化下沉不到具体的服务中，甚至有时会和一些 App 的功能冲突。有时候，系统将全局字号调大后，在一些 App 中，原本的文字提示便溢出了屏幕，导致老年人使用时更加不知所措。

此外，尽管远程守护功能可以解决部分场景下老年人手机使用的刚性瓶颈，但是使用远程守护功能本身就很考验长辈和子女的"数字素养"。有些人可能直到将手机淘汰，都不知道自己给长辈购买的手机里有这项功能。

第三节　找回被忽略的"说明书"与"小课堂"

"80后""90后"的中青年朋友一定还记得，小时候买家电的时候，拆开包装盒子首先映入眼帘的是一本或薄或厚的说明书。

在那个没有互联网或互联网尚未普及的时代，家电本身对孩子们来说就是个"大玩具"，而说明书则是指导孩子们怎么"玩转"这些"大玩具"的一本"游戏攻略"。

不知道从何时开始，说明书在我们当下的消费生活中已经变得十分少见了。

一方面，这是因为当下大多数的产品自诩"设计简洁"，力争让用户不读说明书也能使用主要功能。另一方面，也是因为当下的许多产品变化太快，静态的用户说明书似乎根本跟不上产品迭代的速度。

对于年轻人来说，这两方面的原因似乎都是合理的。年轻人生活节奏快，不喜欢也没必要看说明书，即便遇到了"卡壳"的地方也愿意自己探索。但是对于老年人来说，说明书却是保障他们正确使用各种产品的底线。

年轻人遇到不懂的问题可以通过互联网去查找和学习，但是如果老年人遇到不懂的问题，他们甚至无法自行求助于互联网。

从2021年开始，主流互联网应用开始了大规模的适老化改造专项行动。包括腾讯在内的互联网厂商，通过优化界面、简化程序、增加功能等方式来适应老年人使用智能手机的需求。

但是我们发现，适老化改造帮助的是老年群体"更好"地用手机，然而更基础的老年群体"不会"用手机的情况依然存在，还有相当规模的老年人没能迈出"数字化生活的第一步"。

如果用钢琴来打比方，就好像是厂商打造了一款更适合儿童使用和练习的小尺寸钢琴。这当然有助于儿童练钢琴，但是这种小尺寸钢琴是不可能替代钢琴老师或教程让儿童无师自通的。

能不能在微信内为老年人打造一个在线的、可更新的、系统的教学产品，帮助他们迈出数字化生活的第一步呢？

然而，腾讯的相关计划刚迈出第一步就引发了内部的争议。市场上已经有同类型的图书产品，友商也曾经推出过一些类似的图文手册。教老年人使用手机这样枯燥而繁重的"笨功夫"，效果究竟如何？有没有必要去重复"造轮子"呢？

作为互联网行业从业者的腾讯员工都比较年轻，他们觉得自己推演不如听听"真实用户"的声音。于是，团队内的成员分别回到家中对自己的长辈进行了小范围的调研，发现结果竟然出奇一致。

（1）父母不想掉队，是很想熟练使用智能手机的，不只是想要掌握基础操作，更是想要像子女那样熟练使用。

（2）父母在学习使用智能手机时，除了可以受到子女的指导，还会在一个重要的场合——老年社交中互学互助。

在现有的教老年人使用智能手机的产品中，这两方面的需求并未被很好地满足，因此，他们决定试试看。

于是，"银发青松助手"在这样的背景下诞生了。

"银发青松助手"是一个小程序，其中集成了"学用手机"和"老友宝箱"两个模块，如图2-1所示。

（a） （b）

图2-1 "银发青松助手"小程序界面

其中，"学用手机"模块就是一个面向老年用户的互联网使用说明书。但是与以前的电器使用说明书不同，它不是产品导向性的，没有上来就给老年人介绍"微信支付"或"腾讯地图"等怎么使用，而是通过帮助老年人解决"如何缴水电费""怎么找到附近的加油站"等具体的问题来引导。因为对许多尚未进入数字生活的老年人来说，"认识App"本身就是一道门槛。

在"银发青松助手"小程序中，共有生活、社交、出行、娱乐、网购、医疗、安全七个大类的近百个小教学模块。这些小教学模块以图文、动画示意结合语音自动播报的形式呈现，在对老年人友好的基础之上，也为后续产品的更新降低了内容制作的门槛。

"老友宝箱"模块则集成了诸如健康码、行程码、辟谣助手、疫情查询等老年人常用的功能，进一步降低了老年人使用互联网的入门门槛。

视频还是图片

事实上，"银发青松助手"的成功也不是一蹴而就的。

"银发青松助手"的早期版本也曾走过一段弯路。其中最大的问题是，想当然地使用了对老年用户"最友好"的视频而不是图文来作为教程的主要形式，如图 2-2 所示。

（a）　　　　　　（b）

图 2-2　早期版本的"银发青松助手"小程序界面

视频教程更直观，操作更简单，用户几乎不需要经历任何门槛就能使用，那么为什么却并不适合"银发青松助手"呢？

因为"银发青松助手"的定位是使用说明，使用说明与教学的逻辑并不一样，比如老年用户可能有对照操作的需求。腾讯的用户研究员和设计师们发现，老年用户对图像的点击与放大操作有着极高的需求，视频教程是很难满足这种需求的。

对于产品经理来说，如果把前期投入制作的视频教程都改成图片教程，成本和时间都会增加，但是每次可用性测试的结果都表明，视频教程与老年用户需求的不契合已经是回避不了的问题。最终，大家一致决定，视频改图片！

这一决定使内容制作的工作人员进入了从头再来的工作状态。将动态视频改为静态图片，设计上更容易了，但是一整套教程的"指引设计和标准"都要推倒重来。对于设计师来说，一闪一闪的动态图标没有了，取而代之的是"不太好看"的静态手势。用户研究员则开始翻阅文献，了解一分钟多少字更适应老年用户收听的习惯。

改版的实际效果出乎意料的理想，新版本的图片教程在老年用户中的反馈比视频教程好了很多。

除此之外，老年用户还在早期版本的使用过程中针对一些问题提出了许多意见，这些问题也在之后的版本中得到了修正。

（1）对于标题，设计师在美学与"尽可能大"的平衡里选择了"尽可能大"，然而在老年用户眼里，依然"不够大"。

（2）老年用户"看不懂"教程封面的产品图标，觉得还不如把产品名称直接写在标题里。

（3）老年用户也"看不懂"滑动、语音等纯图像化的图标，不理解纯图像化的图标为什么不直接标示为"滑动"和"声音"。

（4）导航栏文字太多，以至于限制了展示项目的数量，老年用户并不知道往右滑动可以查看更多。

（5）为什么要轮播？"我看一遍就懂了其实。"

（6）关于"多少人学过"的数字，受访的老年人中几乎没有人关注。

但是另一方面，视频也有视频的好处。

腾讯的另一个团队就沿用了视频化的教学方式，在中国老龄协会的指导下，与中国老年大学协会、微信、腾讯研究院共同推出了"银龄学堂"系列情景课程，并同步上线了"老年人手机课"小程序，首期研发9门线上课程，满足了老年人不同层次的需求，如图2-3所示。

图2-3 "老年人手机课"小程序界面

"银龄学堂"虽然采用了视频教学的模式,但是与其说是课程,它更像是一个系列情景剧。它将不同数字产品、不同功能的使用技巧和情景成功地嵌入老年人日常生活的各种场景之中。

线上学不会的,我们线下学

当我们谈及老年人的时候,总会觉得老年人"什么都不懂",这其实是一种典型的刻板印象。因为"老年人"是一个仅以年龄来界定的标签,老年人并不一定代表什么都不懂,什么都学不会。

这些如今使用智能手机不熟练、拍不出炫酷短视频的老年人,在年轻的时候可能也是时代弄潮儿,他们可能在工厂里操作过数控机床,可能使用算盘和纸笔完成过几个亿项目的审计,甚至自己组装过录像机和电视机。

因此,当老年人在数字生活中遇到问题的时候,症结并不一定是老年人学不会,而是当下的数字产品完全处在老年人所不熟悉的"话语体系"中。而开发、运营互联网产品的又大都是年轻人,他们普遍不懂得老年人的诉求和表达方式。

在没有互联网的时代,无论是学习技能还是学习知识,其实都是依赖于线下活动的。人与人的沟通,教学中的互动,同学、同事、工友间的相互指导,这些才是老年人熟悉的"学习路径"。

因此,纯粹的线上方式一定不可能完美解决适老化的所有问题。

腾讯研究院高级研究员陆诗雨曾专门写过一篇文章讲述了一个线下的数字适老案例。

居住于浙江省平湖市当湖街道的张阿姨已经60多岁,但她不是"数字难民"。不仅如此,她还曾以一己之力教会了90多名社区里的叔叔阿姨使用微信。年轻人上班去了，在子女们看不见的场景中，"张阿姨们"在付出时间、精力耐心帮助同伴。

陆诗雨在这个案例中发现的非常有趣的一点是，很多社区里常有大学生教老年人使用手机。老年人听得很认真，大学生教得也不错，但是实际的效果却远没有张阿姨的教学效果好。

张阿姨的教学是在真实场景中进行的。比如，张阿姨晨练时见到邻居气色不好，猜到邻居晚上睡不好，就教邻居怎样设置微信夜间静音模式，怎样设置群里的免打扰模式；阿姨们相约一起去近郊踏青，张阿姨就在路边教大家怎样打车才省钱。

此外，张阿姨的教学常是"用旧教旧"。比如，"收藏"对于老年人来说是一个需要反复学习和记忆的新功能，张阿姨索性跳过这项新功能，直接让朋友们将遇到的想要收藏的东西转发给自己，因为转发是大多数老年人已经学会的操作。

陆诗雨认为"数字适老"不是一个时髦的概念，在互联网上搜索一下适老化设计，我们可以学到很多有用的知识，比如颜色、字体、行间距的设置标准等，这些知识固然是重要的基础，但是更重要的是同理心和语境能力。

什么是语境能力？大致可以总结为两点。

第一点是给予耐心。耐心是最朴素、最基本的，却是最难做到的。

和年轻人相比，老年人的兴趣点隐藏得相对更深一些。已经"活过大半辈子""什么都见过"的长辈们，他们的求知欲往往不那么外露。而要想挫败一位老年人的学习意愿，那就再简单不过了。

在我们的调研与访谈中发现，大部分老年人在提出请子女帮忙解决一件事情前，是会思前想后的。尤其是留守老年人，他们总会考虑子女们在大城市工作不容易。他们会琢磨现在的子女是在上班还是在开会？会不会打扰到他们？子女们有没有空？他们实在是遇到了很困难的问题才会向远方的子女开口的。

可是年轻人匆忙间的无意拒绝，只要两三次，就可以消磨掉一位老年人激起的学习热情。

第二点是让他们获得成就感。就像我们小时候刚刚学会一个知识点，只有反复应用并获得肯定，学习才会有持续的动力，老年人也是如此。

但是现在大部分数字产品默认我们大部分人拥有基础数字素养，所以极少在产品设计上给予用户鼓励和反馈。毕竟，如果每当用户学会发表情包后，系统就在屏幕上撒个花，并提示用户多练习几次，年轻人可能会觉得多此一举或影响操作体验。

张阿姨凭一己之力创造了一个精神补给站。在她为社区老年人创建的一个个微信群里，老年人们几乎每天早上都会发表情包互道早安。看到自己的"早上好"表情包被期待、被回应就是一种很好的慰藉和奖赏。

但是这两点语境能力，仅凭纯粹的线上教学或远程守护是难以提供的。

还记得前文提到的视频版网络说明书"银龄学堂"吗？其实，它不止有线上版本。

2021年10月14日，在中国老龄协会的指导下，腾讯的"银龄学堂"线下公益班开始在北京、上海、广州、深圳四大城市正式开课。自开课之日起，预计在未来3年内帮助1000万名老年人掌握数字化技能，引领他们以轻松、积极的姿态融入数字化生活，让微信成为老年人跨越"数字鸿沟"的跳板。

不过，公益课只是银龄计划的起点。

整个银龄计划，将囊括"银龄学堂""银龄达人秀"等一系列活动，帮助老年人更好地利用互联网充实自己的生活。

当然，线上线下结合的适老化，不只停留于"教老年人使用互联网"这个层次上。

第四节 老年人的生活圈

移动互联网已经普及多年，但是老年人与互联网的激烈碰撞却发生在新冠肺炎疫情防控期间。

在过去的十余年里，尽管老年人被迫缓慢地卷入了数字化的进程，但是对于大多数的老年人来说，他们的社交场所、日常生活和娱乐活动依然主要在线下。老年人可能始终学不会使用互联网看戏，难道还不能去公园的凉亭里唱戏和听戏吗？

然而，微妙的平衡在健康码出现之后被打破了。为了更科学地防控新冠肺炎疫情，自 2020 年 2 月诞生之日起，健康码成了中国有效对抗新冠肺炎疫情传播的数字化工具。但是这对于老年人来说，却意味着他们广阔的线下空间也被强行数字化了。

回顾过往，数字世界一直在向物理世界渗透，从移动支付到乘车码，从线上挂号到在线订餐……对于年轻人来说，我们甚至已经想不到有哪些物理世界中的情景是完全没有互联网参与的。

那么，对于老年人来说，又是怎样的呢？

想要知道老年人在生活中遇到了哪些"数字化"困难，我们需要从观察老年人的日常生活开始，重新建立一个典型的用户行为模型。

为此，经过数次的调研，陆诗雨团队给出了一个初步的成果——城市老年人生活圈。

城市老年人的生活圈

城市老年人的出行与活动是有圈层的，不同的圈层是依据老年人出行时间、活动半径与频率划分的。我们通过对城市老年人的调研和观察，认为城市老年人的生活圈大致可以分为四层，如图2-4所示。

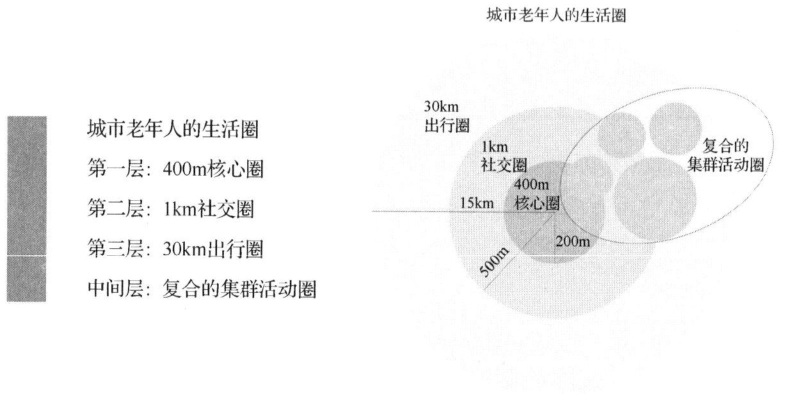

城市老年人的生活圈
第一层：400m核心圈
第二层：1km社交圈
第三层：30km出行圈
中间层：复合的集群活动圈

图2-4　城市老年人的生活圈

1）第一层：400m核心圈

400m核心圈是核心生活圈。这是老年人日常生活中活动频率最高且停留时间最长的场所。老年人在这个圈层主要接触的对象是家人和邻居，最容易产生信赖感、安全感和亲切感。

在观察和调研中了解到，这个圈层一般是以老年人住宅为中心，半径为180m～220m的圆圈，符合老年人日常出行的5分钟步行圈规律，因此，我们把它叫作400m核心圈（这里的400m指直径）。

2）第二层：1km社交圈

1km社交圈是延展社交圈，一般就是老年人生活的小区。由于是长期生活和社交的空间，老年人对这个圈层的人文、地理环境有较强的依恋感和怀旧感。

在这个圈层，老年人依旧以步行为主要出行方式，且距离不超过10分钟的疲惫上限，大约维持以老年人住宅为中心，半径在400m～500m的圆圈内，因此，我们把它叫作1km社交圈（这里的1km指直径）。虽然范围已经不小了，但是这个圆圈仍然具有明显的聚集性，或在小区广场，或在胡同口、凉亭里、大树下，多半为现有的自然景观和建筑设施，且活动仍以露天为主。这个圈层之所以叫作社交圈，是因为这里是老年人日常社交最频繁的区域，他们多半是与志同道合的老年人交往。

3）第三层：30km出行圈

第三层是市域出行圈，这里指以市区为出行范围的圈层，在这个圈层老年人的活动频率要远远低于前面两个圈层。

在这个圈层老年人的出行时间较长，一般为30～60分钟，出行方式多为公共汽车、地铁，有时也会选择电动车和自行车。这个圈层可以理解为，以老年人住宅为中心，半径在15km的出行圈，因此，我们把它叫作30km出行圈（这里的30km指直径）。在这个圈层老年人聚集的场所多为市区的中心广场、公园、商业中心和传统商业街。日本城市规划学会统计的信息显示，虽然这一圈层的出行距离较大，但是在单个场所活动的老年人总人数居于各类老年人活动场所首位，因此强化这一圈层的适老化应用十分紧要。

4）中间层：复合的集群活动圈

中间层与第一层、第二层、第三层均有交集，第三层的中间层在人数规模上介于第一层的中间层和第二层的中间层之间。

中间层最大的特点就是成组和集群。为什么会呈现这样的特点呢？经过调研我们发现，大部分老年人的视力在0.05（国际标准视力表中的数字）以下，而日常生活中有80%以上的环境信息需要通过视觉传递；那些丧失50分贝以上听力的老年人则较难分辨常见的听力信号。所以，他们为了消除彼此的视觉与听觉障碍，往往选择尽量缩小彼此间的距离，借助口形、表情、手势来了解对方的意愿，这也是老年人之间常常显得"亲密无间"的原因。

多个成组集聚的圈层构成了这个复合式的城市老年人生活圈。老年人在各个生活圈之间有一定的自由度和选择性，从中我们可以感受到城市老年人生活丰富多彩的一面。

从圈层出发理解数字适老的场景与重点

与年轻人愿意主动尝试新鲜互联网产品不同，老年人的数字产品使用与数字生活大多是嵌入具体场景的。

要提出数字适老的方案就要充分理解这些场景及它们对老年人社会生活的意义。

我们可以将老年人的住所当作坐标系的中心，从他们的起居生活出发，分层次梳理老年人日常生活的核心场景，并理解他们在数字产品使用过程中的痛点有哪些，以及数字适老的重点应该放在哪里。

1）400m核心圈：数字适老的重点在交互易用

通过调研发现，作为老年人活动频率最高且停留时间最长的场所，400m核心圈大致可以容纳老年人80%的生活需求：买菜、购物、晨练、遛弯、接送孙辈上下学、水电费在线缴纳、洗衣做饭、看电视等。其中，高频场景包括居家生活、晨练遛弯、日常消费，中频场景包括水电费在线缴纳等基本生活服务，如图2-5所示。

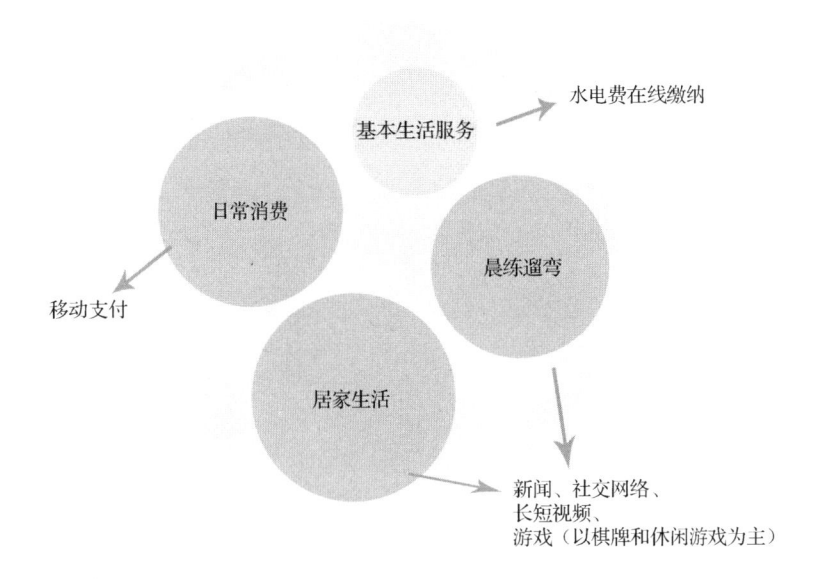

图 2-5　400m 核心圈与其涉及的数字使用

在这个圈层中，城市老年人会接触绝大多数的数字产品与服务：在居家环境中，主要通过智能手机接触新闻、社交网络、长短视频、游戏（以棋牌等休闲游戏为主）等数字产品和服务，以及实现中等频率的水电费在线缴纳；在居家环境之外，主要接触的数字服务是移动支付。

这个圈层中老年人接触的数字产品种类多，接触的频率高，突出痛点可以总结为以下两个方面。一是少部分老年人存在接入困难。即便是在城市里，也存在一部分老年人在数字接入上有困难，这部分老年人没有智能手机，或者基本不会使用智能手机。二是界面交互上存在一定的使用困难。大屏幕、大字号、大音量、大按键、易点触、逻辑简单等是老年人在界面交互上的主要诉求点。

2）1km 社交圈：数字适老的重点在连接轻松

这个圈层一般是老年人生活的小区，是他们长期生活和社交的空间。在这个圈层中，老年人的日常生活场景大致可以概括为：高频场景包括晨练遛弯、围坐聊天、日常消费，中频场景包括社区服务、就近看病、买药（主要用于轻症和慢病治疗），如图 2-6 所示。

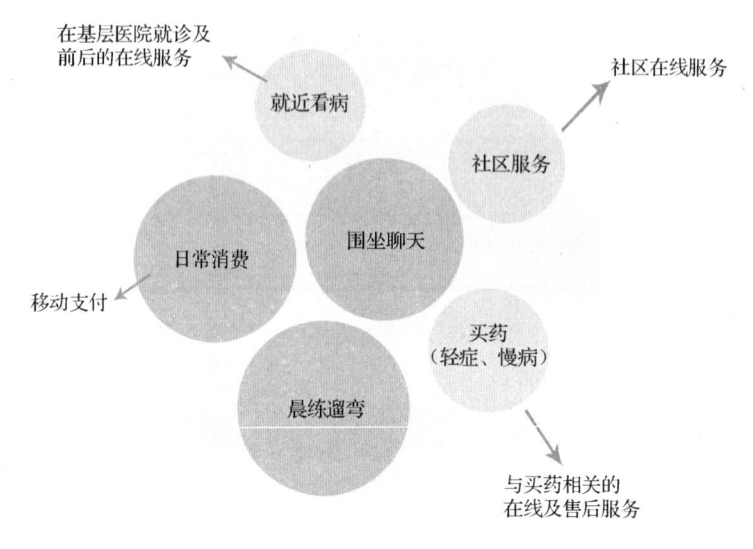

图 2-6　1km 社交圈与其涉及的数字使用

在这个圈层中，城市老年人接触的数字产品与服务，无论是种类还是使用频率都显著低于 400m 核心圈。其主要包括移动支付、社区在线服务、在基层医院就诊及前后的在线服务、与买药相关的在线及售后服务等。

在这个圈层中，老年人是否会借助数字产品来享受社区服务和基层医疗服务呢？

根据我们的观察和调研，老年人还是更倾向于通过轻松、简单、熟悉的方式去满足此类中频需求，比如直接就诊或电话预约。这并不完全是因为老年人传统与保守，主要还是因为社区服务与基层医疗的数字化尚未充分普及。在调研中发现，有 77% 的老年人表示，如果能以简单、轻松的方式接入这些服务，他们是乐意学习和尝试的。所以我们认为，在 1km 社交圈需要重点做适老的数字建设,将社区服务和基层医疗服务以更轻松、更简单的方式接入老年人的生活,降低他们的连接成本。

3) 30km出行圈:数字适老的重点在"虚实两栖"

这个圈层覆盖了老年人主要参与的大多数公共服务,且对于中小城市来说,基本可以等同于市区范围;对于大城市来说,基本可以对标老年人生活所在的区。在这个圈层中,老年人的日常生活场景大致可以概括为:中频场景包括交通出行,低频场景包括大病就医、政务办事、金融办事,如图2-7所示。

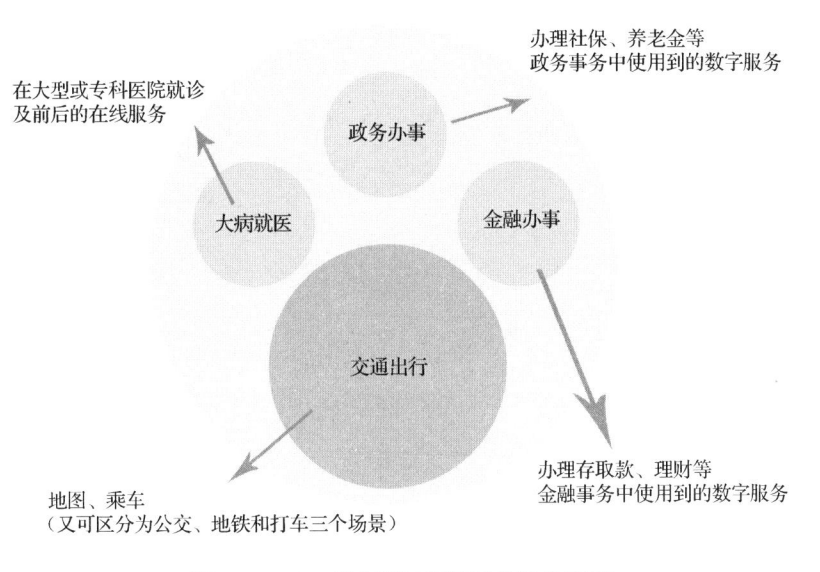

图2-7　30km出行圈与其涉及的数字应用

对于老年人而言,这个圈层集中了许多中低频但重要的公共服务,这些公共服务中的一部分已经实现了在线办理,还有一些线下办理的部分环节也采用了数字化的方式。这个圈层中老年人接触的数字产品与服务包括:地图、乘车(又可区分为公交、地铁和打车三个场景),在大型或专科医院就诊及前后的在线服务,办理社保、养老金等政务事务过程中使用到的数字服务,办理存取款、理财等金融事务过程中使用到的数字服务。

这些产品和服务的使用频率虽然不算高，但涉及的是对于老年人来说的"大事"。为什么是"大事"呢？一是因为重要，二是因为不好办。

我们发现，虽然有不少学习速度快、心态年轻的老年人在公共服务数字化的过程中得到了便捷和实惠，但是由于办理的都是对于大部分老年人来说的"低频事务"，他们并不熟悉，比如诊前预约、银行服务中的"刷脸"等环节，因此产生了一定程度的压力。

对于这个圈层的数字适老化建设，重点应放在保留传统服务渠道，让老年人可以"虚实两栖"：既提供数字学习的路径，也保留传统服务渠道以满足老年人重要的生活所需。

4）复合的集群活动圈：数字适老的重点在潜能激活

复合的集群活动圈往往因兴趣和缘分而产生，是最具活力的老年活动圈层，如图 2-8 所示。

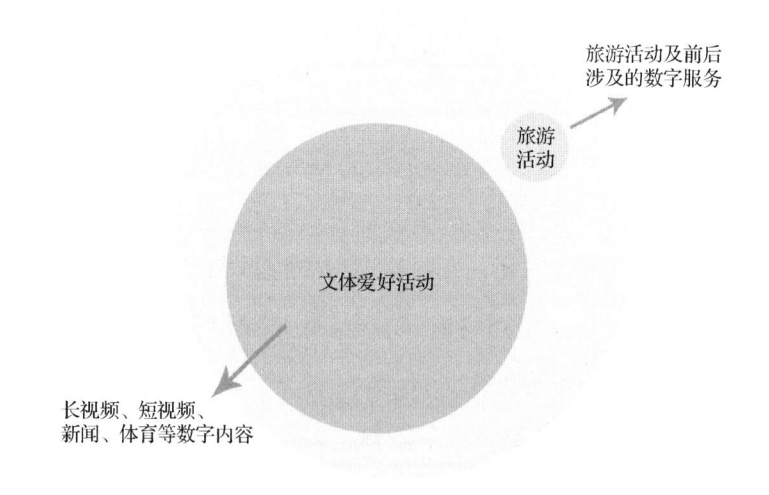

图 2-8 复合的集群活动圈与其涉及的数字使用

老年牌友、棋友、遛鸟伙伴、老年驴友、广场舞小组、戏曲小队、登山爱好者聚在一起，且常常有其他老年人围观，这种具有主动性和协从性的活动使这个圈层洋溢着活跃、愉悦的气氛。这个圈层中老年人的生活场景大致可以概括为高频的文体爱好活动，以及低频的旅游活动。

与该圈层的场景密切相关的数字产品和服务包括长视频、短视频、新闻、体育赛事等数字产品，也包括旅游活动及前后涉及的数字服务。

总体来讲，这个圈层中的核心场景涉及的数字服务，虽然对于老年人也十分重要，但是大体上较少涉及出行、看病等生活的"刚需"。在这个圈层中活跃着的老年人较大概率身体健康且心态积极，所以这个圈层的数字适老化建设的重点应放在调动老年人数字参与的热情方面，为他们提供展现自我、激活生命潜能的机会和路径。

城市中数字适老要讲策略、分层次，也要温柔而坚定

综上所述，城市老年人的出行与活动是有圈层的，各个圈层对应城市老年人生活的不同场景，不同场景下老年人会接触不同的数字产品与服务。

是不是所有的数字产品与服务都要采用一致的步伐、相同的策略来适老化呢？答案自然是否定的。

首先，不同圈层、不同场景对老年人的重要性不同，其次，老年人在不同数字产品使用中的痛点也有差异。

数字适老要讲策略、分层次，400m 核心圈容纳了老年人 80% 的生活需求。30km 出行圈是公共服务的集中区，覆盖了大部分对于老年人而言十分重要的"大事"，是数字适老首先要着力保障的地方。1km 社交圈中的数字连接（连接基层医疗及社区服务）存在明显的缺位，一经补全可为老年人生活提供更多的便利和满足。

数字适老更要有足够耐心。作为数字社会的"新人"，老年人学习数字

产品使用需要机会和路径，但更需要时间和耐心。是不是需要把所有数字产品做得十分简单、去掉所有烦琐的操作呢？我们认为，对于老年人生理层面的痛点，比如看不清、听不清的问题，需要对数字产品做适老化的改造，但是对于老年人心理层面的痛点，比如不想学、怕麻烦的问题，则数字产品的改造可以稍微缓一缓，建议先采用鼓励的方法让老年人尽快跟上来，与此同时保障线下服务路径的畅通。

第五节　虚实结合的数字适老

在理解了老年人的生活圈之后，我们自然可以得出一个结论：适老化不是简单地把字号调大、去掉广告和使按钮变得更加清晰。

这些自然很重要。但是更重要的是，无论是教学还是实际的使用，都要将产品带入老年人实际的需求和生活场景。

为此，许多产品的适老化或助老版本可能要考虑向线下和实体领域延伸。这对于互联网公司和从业者来说其实并不陌生，不过是将前几年商业上的风口——O2O（Online To Offline，线上到线下）在助老领域再做一遍。

接下来，我们一起来解读几个这方面的案例。

微信支付专属客服

2021年5月，微信支付正式推出"长辈无忧专线"，为老年用户提供一对一适老化服务。

60岁及以上老年用户拨打微信支付统一客服热线95017，将会优先接通"长辈无忧专线"，获得一跟到底的专属客服。

"长辈无忧专线"专属客服会将烦琐的操作步骤和专业术语全部转换成简单易懂的大白话。比如,"免密支付"被解释为"不需要输入支付密码就可以扣钱","开通场景"被解释为"您第一次开通这个服务的页面"。

"长辈无忧专线"专属客服不但接受了专门的"长辈关怀"训练,还能为老年用户提供如广东、四川、湖南、湖北、东北等方言服务。

据悉,截至2021年10月,"长辈无忧专线"已为老年用户解决超75万次问题,专属客服平均每人每天要投入大约500分钟的时间。

"刷脸"的爱心助餐

在过去的一段时间里,将自身产品做得更加适老,并帮助老年人更轻松、安心地使用智能手机与各种数字产品,是腾讯在科技适老领域的主要工作。但是随着越来越多的产品团队开始关注老年群体面临的实际困难,热情和想象力就进一步被激发了起来。

"腾讯将开发产品与技术能力,为公益性机构提供'数字化工具箱'。"这是另一种善意的表达,腾讯公益慈善基金会理事长郭凯天在"99公益日"活动上的这番话,现在已经有了现实的"助老版本"。

广东省深圳市南山区海珠社区党群服务中心邻里之家助餐点,在社区党委书记陈慧斌的支持下,启用了腾讯研发的"养老助餐微信刷脸"支付终端。这样老年人们就餐时不用带手机和助餐卡也能吃上可口的热饭了。

为切实解决高龄、孤寡、独居、空巢老年人吃饭难的问题,2019年,南山区民政局印发了《南山区长者助餐服务办法》,明确界定了三类助餐对象,对第一类和第二类助餐对象给予每人每餐10元、5元的资助,不仅助力社区养老服务发展,也有效提升了老年人的幸福感和获得感。

不用自己买菜做饭，在家门口就能吃上美味、实惠的午餐是件幸福的事情。但是养老助餐在实际运行过程中也出现了一些瑕疵。比如，很多老年人认为填写申请表格比较烦琐，不会使用微信群订餐，无法熟练使用手机支付等。对于社区助餐工作人员来说，信息收集统计复杂、资金核算困难等问题一直困扰着他们。另外，政府面临着补贴资金是否实现专人专用等监管问题。

针对上述难点，腾讯银发科技实验室的相关负责人王楠迅速在公司内部寻找可行方案，联合微信支付与腾讯微卡推出"智慧化养老助餐刷脸"解决方案，从老年人资格信息录入到支付结算，全流程线上操作，有效解决了老年人、社区和政府的痛点。

"在与政府系统对接后，老年人通过一次'刷脸'就能完成资格身份核验、补贴抵扣和剩余餐费支付，既不用填写申请表，也不用带手机和身份证，'刷脸'就能吃饭。"腾讯微信支付有关负责人唐艳平如此介绍。老年人及其子女可以使用适老化微信小程序进行线上预点餐，如果老年人不会使用微信小程序，也可以在助餐点使用自助大屏点餐。

买手机，"包教包会"

很多人没有注意到，为了解决老年人使用智能手机的困难，手机厂商其实也在推进线下教学模式。

在这方面表现最突出的是OPPO。2021年6月，OPPO在全国24个城市线下门店举办了"O学堂：反诈课程"活动，面向老年人讲解用机知识和防骗技巧。现场发放的防诈骗手册里不仅有OPPO手机四大安全防护功能的解说，还有3个实用的防诈骗知识，包括未被诈骗前的预防和被诈骗后的补救。

华为也针对老年人的特点推出了一系列贴心的适老化线下服务。从2018年起，华为在其线下门店陈列和发放为老年朋友专门编写的画册《送给咱爸咱妈的手机使用指南》，其内容涵盖"基础设置""快速上手""拍照分享""智享生活"四大板块，详尽具体，还特意放大图片和文字，尽量做到让老年人一看就懂、一学就会。该手册随移动互联网的进化而不断更新，到2021年时已更新至第八版。

光有画册还不够，华为客户服务中心还会定期开设学习使用智能设备的"服务讲堂"，现场为用户答疑解惑。通俗易懂的课程，加上服务店工作人员耐心、细致的讲解，老年用户能够轻松掌握手机功能。

对于"能力进阶"的老年人，苹果公司的课程更加具有吸引力。

在苹果官网的 Today at Apple 页面里，可以看到每家苹果线下商店的线下课程，课程的内容包括苹果产品的日常使用，以及利用苹果设备进行摄影、视频剪辑、音乐制作、绘画、编程等。

尽管这些课程不是专为老年人设计的，却深受老年人喜爱。因为这种有专人线下指导，又有些"难度"的高阶免费课程在市场上并不多见。

网约车走下网络

老年人对出租车行业其实并不陌生，自20世纪90年代中国出租车行业全面发展以来，这种出行方式本身已经陪伴了中国人数十年。

网约车颠覆了路边招手的打车方式，互联网技术节省了司机与乘客的沟通成本，还降低了空驶率，却给不熟悉智能手机的老年群体带来了打车难的问题。

因此，网约车的适老化，实际上是出租车行业从"上云端"到"重落地"

的过程。

2021年，滴滴和高德地图分别响应工业和信息化部"互联网应用适老化及无障碍改造"专项行动的号召，推出了面向老年人的服务。

比如，滴滴打车开通了两个面向老年人的新打车通道，除了老年版小程序，还有一个"老年叫车专线"。让不会使用互联网的老年用户能够在不触网的情况下享受滴滴出行的服务。

高德地图则直接将打车的切入口做到了线下，在老年人比较集中的社区和单位（如医院）的出入口设置暖心车站。暖心车站是一个物理"站牌"，上面会写清叫车电话，并且有一个显著的二维码。老年人使用微信、支付宝、高德地图等App扫描二维码均可呼叫高德的出行服务。

隐形护理员：科技助力养老服务

据不完全统计，我国每年有至少4000万名老年人有摔倒经历，摔倒已经成为65岁及以上老年人意外伤害、死亡的主要原因，而摔倒后的前5分钟是"黄金救命5分钟"。

为了降低风险发生率，早前深圳市养老护理院不得不对养老护理员采取绩效处罚等措施，使原本就已高负荷的养老护理员压力倍增。养老护理员因而不得不限制老年人的活动范围，这进而可能影响老年人的生活质量，并削弱老年人的活动能力。

针对上述痛点问题，腾讯"智慧养老"项目组积极推动人工智能、物联网、云计算等前沿技术在传统养老领域的应用，推出了"隐形护理员"智慧养老监护系统。

"隐形护理员"能够准确识别摔倒等意外情况的发生，并发出自动告警，提示照护人员及时前往现场提供帮助。如今，该产品已经在深圳市养老护理院落地使用一年，发挥了安全监测、安全防护和健康监测的作用，为老年人身体健康和生命安全保驾护航。

然而在该系统研发初期，让工程师们犯难的事情就出现了——关于老年人摔倒的数据样本极少，无法实现人体姿态检测。所以为了充实样本数据，工程师们开始了漫长的"假摔"行动。

研发团队中的每个人都积极加入了"试摔官"的队伍，在现实环境中模仿老年人不同情形下的摔倒：架起机器，铺上毛毯，工程师们排着队去摔倒以供录数据。为了积累更多不同的数据样本，他们使用各种角度、姿势、速度和时长进行摔倒测试，在不同光线下进行试摔、正向摔、侧向摔、仰面摔、花式摔，把每个角落都摔了个遍。正是在一次次的摔倒中，"隐形护理员"终于具备了稳定的性能，开始被实际应用于养老护理院中。

但是由于目前"隐形护理员"的载体为智能摄像头，出于保护老年人的隐私考虑，它仅应用在公共区域，这就不可避免地留下了监测识别的死角。所以技术团队还在探索增加 AI 语音识别模式，只要捕捉到呼救的敏感词如"救命啊""120""帮帮我"等，就会触发告警功能。"隐形护理员"未来还会在图像识别模式中引入红外线成像的方式，进一步满足老年人的安全需求。

第六节　适老化的另一种可能

2018 年 8 月的一个清晨，65 岁的孙阿姨带着满满当当的行李，再次坐上了由山西太原到北京的 G92 次高铁。

孙阿姨的儿子十年前考上清华大学，硕士毕业后便留在了北京工作。此前，孙阿姨也曾多次踏上这班高铁来北京探望儿子。但是这次不太一样，她带了够吃半年的降压药，离开家乡来北京帮助儿子照看刚刚满月的孙子。

事实上，像孙阿姨这样为了支持子女事业、照料第三代而远离家乡的"老漂族"并不在少数。早在2018年，国家统计局、联合国人口基金会和联合国儿童基金会联合发布的一份报告就指出，中国老年流动人口增长较快，从2000年的503万人增至2015年的1304万人，年均增长6.6%。15年间全国人口中老年人口的比例从2000年的10.5%增至2015年的16.1%，增加了5.6个百分点。

2015年以后，随着城市化进程的加速，像孙阿姨这样在北京、上海等大城市居住的"老漂族"自然是只增不减。

列车缓缓启动，驶出站台，孙阿姨熟悉的一切生活方式也随着列车车窗外飞速闪过的景致一起成为过去。孙阿姨低头滑动着用起来还不太习惯的智能手机，想要告知儿子自己已经出发。即便知道会有儿孙在身边，她心里仍惴惴不安。她不知道，在这个年轻人都心驰神往的大城市里，能不能找到一起唠家常的人，能不能跟老家的亲人保持联系，能不能搞清楚在大医院挂号取药的流程，能不能听到正宗的山西梆子戏……

不只是孙阿姨这样的"老漂族"，长久以来，老年群体的生活需求始终没能通过智能产品得到很好的满足。

市场当然不是没有注意到老年群体。从硬件上来说，对讲机大小的机型搭配大字版的数字键盘，老年机已经是智能手机刚爆发时就存在的典型产品。

年轻子女只需要将老年人常用的电话号码与1～9数字键盘加以匹配和设置，不需要花太多精力就可以教会老年人使用手机。老年机的设计初衷很好，但是并没有多少人使用。

毕竟，在一个全面数字化的时代，这样的设备等于将老年人排除在社会主流之外。新冠肺炎疫情防控期间，这些老年机中的许多型号连扫描健康码的功能都不支持，老年机就此彻底没落。

2020 年老年手机行业发展现状调查结果显示，除了老式的老年机，中老年群体使用的手机当中有 52.25% 来自子女，其中很大一部分是子女淘汰的产品。这些配置了 iOS 系统或 Android 系统的智能手机却提高了老年人的学习和使用门槛。

其实在软件方面，大多数 App 的适老化改造的技术难度并不是特别高。很多 App 在工业和信息化部提出要求之前，就曾做过适老化的尝试，比如调大字号、放大图标、增加输入提示、提高对比度等。但是实际上，这些 App 的适老化改造在老年群体中的认知度并不高，有的 App 即便适配上了适老化版本，老年人也不爱使用——原本滑动起来便不顺手，字变大了之后要滑动的操作就更多了。

有趣的是，这些相对"纯净"、简洁、易用的适老化版本 App 反倒吸引了许多苦"超级 App"久矣的年轻群体。

2020 年是孙阿姨来北京成为"老漂族"的第二年，这时候她的孙子也到了上幼儿园的年龄，孙阿姨也因此有了更多的空闲时间。一个偶然的机会，社区免费派发的小度智能屏（以下简称"小度"）给曾经惶恐不安的孙阿姨的大城市生活带来了翻天覆地的变化。

早上起来，孙阿姨通过"小度小度"的口令唤醒了"小度"，询问天气信息后很快获得最新的天气预报，据此给自己和孙子增减衣物。早饭过后，孙阿姨一边整理家务一边跟着"小度"哼唱梆子戏选段。把孙子送去幼儿园后，孙阿姨回家又可以通过"小度"进行晨练打卡，记录每日的健康情况。晚上把孙子接回家后，孙阿姨再次唤醒"小度"，经过简单的语言提示，就能轻松便捷地联系到远在山西老家的 87 岁高龄的父亲，完成语音通话或视频聊天。

让孙阿姨顺利融入数字化生活的，不是一个具体的 App，而是百度推出的有屏智能音箱产品——小度智能屏。

"家"字的不同定义

如果你也教过父母等长辈使用智能手机，那么对这样的场景一定不陌生：长辈从固定放置手机的抽屉里取出手机，同时取出老花镜并在鼻梁上架好，双手将手机捧至胸前，食指用力按下开机键，屏幕亮起，手指用力地进行"滑动解锁屏幕"操作，一次、两次，终于来到了主界面，点击某个 App 的图标，面对着广告愣一会儿，好不容易进入了 App，想要找的功能却与上次记住的不一样。对于他们而言，编辑信息进行搜索就更难了，在手写输入的界面中，他们要不是还没写完就被系统识别为错误内容，要不就是因完成输入后手指没有及时离开屏幕而被系统误识别为一排顿号。而语音输入更不容易，因为长辈的手指不太容易按住语音输入的按钮或图标，按住了又可能被识别为错误的文字，还是需要手动更改。

那么，为什么我们能够轻松操作手机软件，老年人却不能呢？

众所周知，人步入老年后视力会减弱，但是我们往往不知道老年人指尖的敏感度也会随着年龄的增长而降低。在肌肉控制方面，老年人通过第一骨间背侧肌随意收缩而产生的精细动作，也存在加速度的波动，这会导致老年人手部动作控制的准确率下降，所以可能他们多次都无法精确点击屏幕某个特定位置。

老年人使用智能手机的障碍也不只体现在触屏、输入的问题上，常用功能的入口位置在系统更新迭代的过程中不断变化，让老年人难以适应；字母数字符号组合的登录密码使老年人难以记忆；系统的语音唤醒功能只能用来打开软件……更不必说很多适老化版本 App 因为没有上升的盈利空间而最终停止维护。这一系列困难与阻碍使老年人享受智能化产品的便利之路变得困难重重。

2017 年，国内的一股"智能音箱热"意外地给老年人使用智能产品的困局带来了转机。

早在 2014 年 11 月，亚马逊推出的"Echo"智能音箱引爆市场需求后，谷歌、苹果等科技公司也纷纷布局智能音箱产品。2017 年，智能音箱的概念被引入国内，有超过 2000 家厂商加入竞争，"千箱大战"拉开序幕。2018 年前后，通过价格战、形式革新等多重竞争，中国智能音箱行业逐渐形成了阿里巴巴、百度、小米"三足鼎立"的格局，三者的市场份额超过了整体市场份额的九成。相较于"天猫精灵"的渠道优势和"小爱同学"背后强大的硬件生态体系优势，百度的"小度智能屏"依靠的是在场景上的另辟蹊径。

小度智能屏是在国内智能音箱大战中唯一专注于"家庭"而不是"家居"场景的智能音箱品牌。这里的"家庭"场景迎合了中国传统的、特有的家族文化。这里的"家"不仅指物理意义上的房子，更重要的是指文化、精神中"亲情血脉相连"的概念。

年轻人购买小爱同学和华为音箱可能是为了与手机、空调、智能电视联动。但是许多年轻人购买小度智能屏，却是为了让自己家里的长辈能更好地适应数字生活。

给老年人买过数码产品的年轻人应该知道，花钱其实并不是最大的问题，问题是钱花了但老年人不爱用、不会用。

小度智能屏在设计之初就考虑到了这一点，它将复杂的交互放在了子女操作的手机端，而放在长辈家中的硬件端则遵循"清晰的语音＋触屏辅助"的交互逻辑。

对于老年人来说，通过语音控制的小度智能屏可以快速、准确地完成操作，甚至不需要专门停下来，一边做着家务一边就能让小度智能屏完成任务，收听节目还没有广告困扰，大大提升了老年人的使用体验。

语音交互的优势到底在哪里

对于没有给家里的老年人买过智能音箱的年轻人来说，这可能有些难以理解——类似功能不是都能使用手机实现的吗？

因为从年轻用户的使用习惯来看，智能音箱并不是智能手机的替代品，而是一种辅助设备。比如对于很多年轻用户来说，购买智能音箱后最频繁的使用场景就是躺上床之后喊它关灯。

那么，究竟是什么因素使老年人更喜欢智能音箱呢？在和老年用户的访谈中，我们总结出一条智能音箱与智能手机的本质区别：语音交互。

比如，一个老年人要在手机上听黄梅戏，他要先找到优酷、爱奇艺、腾讯视频等 App 中的任意一个，再找到里面的搜索框或戏曲专区，才能顺利播放。在这个链条中，手机系统会更新，App 的位置会变动；App 会更新，App 里的功能也会更新；不同 App 之间提供的内容也会因为版权变化而变化。App 本身的下载也是一个门槛，一旦软件被误删除，长辈还需要麻烦子女："再帮我装一下呗。"

对于年轻人来说，App 的更新带来的是更好的体验和更丰富的功能。但是对于老年人来说，无论这个 App 的适老化做得有多好，只要更新涉及位置和界面的变化，他们就要重头学起。

智能音箱却不一样。以听黄梅戏为例，任何品牌的智能音箱，不管背后是和哪家内容供应商合作，用户与它的交互方式只有一种，就是喊一声："我要听黄梅戏"。

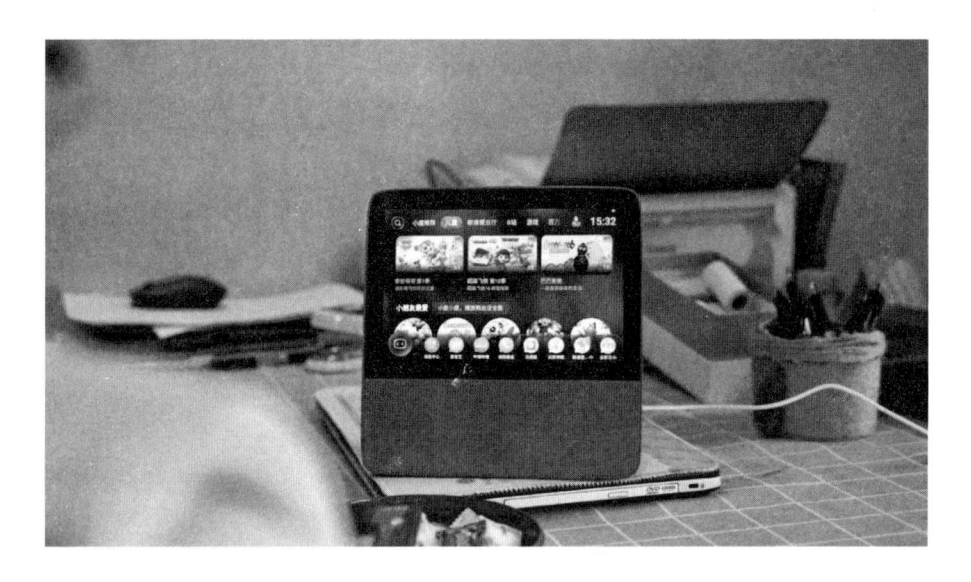

图 2-9　小度智能屏（小度在家智能屏 X8）

图 2-9 所示的小度智能屏会在老年群体中放大语音交互优势。语音省去了在复杂逻辑中寻找内容的过程，屏幕则给出了比较直观的反馈，二者各司其职。

智能音箱与智能手机自带的语音助理不同，智能手机的语音助理（除了苹果）只是帮助唤醒了 App，大多不能直达某个 App 内部的功能。

小度智能屏将产品分为两个部分。一个部分是音箱端，可以通过语音和点击、触摸操作等直观交互来服务老年用户。另一个部分是 App 端，子女可以在自己的手机上安装 App，对音箱端进行远程设置，协助老年人使用，还可以通过 App 与音箱端进行通话，给老年人推送自己的照片等。

这相当于把简单的交互留给了长辈，把复杂的交互留给了子女。

孙阿姨提到，她的儿子和儿媳即便出差在外也能通过"小度"的摄像功能随时查看家中老年人和孩子的情况；周末在家陪孩子玩耍，也可以通过"小度"给孩子播放儿歌和童话故事；可以随时将家庭聚会照片更新至家庭相册，让远在老家的亲戚朋友也可以随时关注一家人的动态。"小度"通过将音箱端与手机端结合，建立了一个不同数字素养的家庭成员都可以轻松访问和使用的专有"朋友圈"。

与 Google Home 和苹果 HomePod 里的"Home"不同，小度智能屏的"家"不是一个年轻人让智能设备随着音乐翩翩起舞的指挥棒，而是一封无论相隔多远、无论长辈会不会使用智能手机都能通过它来报平安的电子家书。

对于百度而言，小度智能屏还只是其"科技适老"项目的初级形态。

不同形态的互联网

2021 年，百度更进一步，单独推出了一个"五福 AI 助老计划"，即在小度智能屏现有的基础上内嵌一套养老生态的应用。这套应用分别从"五福长寿""五福健康""五福陪伴""五福幸福""五福社区"五个层面进行适老功能的升级。

在硬件中预装服务，对于互联网产品来说并不陌生，但是大多数年轻用户一般选择无视。但是对于老年用户来说，长期、稳定的预装服务有助于他们更好地享受互联网服务。

以"衣食住行"中的"食"为例，年轻人早就习惯了在"美团"或"饿了么"App

里点外卖，在"大众点评"或"百度地图"App里寻找美食，在"小红书"或"下厨房"App中分享自己的美味。对这些App进行适老化改造有助于老年人利用这些工具解决自己的饮食问题。

但是如果想让老年人爱上在互联网上找吃的，首先要让老年人爱吃的食品所在的门店"上网"。

老年人的饮食习惯与年轻人大不相同，他们一般喜欢传统粥、面和食堂大锅类的门店，而许多社区内的这些门店根本不会登录外卖平台。因此，想要真正做出老年人喜爱的点餐App，就必须与当地老年人爱吃的食品所在的门店进行合作。在"五福AI助老计划"里，百度就会在有条件的情况下帮助当地社区食堂开通在线点单的功能。老年人足不出户就能通过智能屏语音预订社区食堂的饭菜，可以自取也可以让志愿者送上门。

因此，百度的"五福AI助老计划"其实采取了与现阶段许多互联网公司适老化不同的思路。在语音交互模式下，百度重新做了一个专为老年人设计的"互联网"。

以年近70岁的孙阿姨为例，设想一下这种适老化网络的应用。

孙阿姨的生活重心基本围绕"健康"展开。考虑到老年人健康信息筛选的困难，"五福长寿"联合北京体育大学教育部重点实验室教研团队的专家教师，编写了近三百条养生信息。它可以根据孙阿姨的地理位置信息进行个性化推荐，帮助她走出养生误区，进行科学养生。对于年轻时就热爱体育锻炼的孙阿姨而言，适当的锻炼是每天的必要环节。"小度"联合运动专家，针对老年人常见的诸如骨质疏松等问题，拍摄了300期保健视频，孙阿姨只要每天坚持跟做15分钟，就能科学地提升自身体质。针对孙阿姨远离故乡可能产生的心理健康问题，"五福长寿"也匹配了一些舒缓的音乐及老歌、经典影片等，可以缓解孙阿姨的负面情绪。

"五福健康"则更关注老年人就医问诊的问题。孙阿姨不再需要让子女大清早起床到医院排队去帮自己挂号，直接通过语音控制"小度"在线挂号即可，有腹泻、感冒等小症状也可以直接在线问诊。孙阿姨长期患有的高血压等慢性病则可以通过"小度"的"慢病管理"进行记录，方便以后医生根据病情的周期变化进行精细问诊。

在健康需求之外，孙阿姨的日常娱乐也将得到关注。"五福陪伴"可以为孙阿姨提供精神娱乐内容。与年轻人喜欢吃饭时刷手机看剧一样，"小度"搭载的100部经典电影、电视剧使孙阿姨可以通过"小度"找到自己喜爱的片子，拥有属于自己的"下饭神剧"。而"五福幸福"则可以帮助孙阿姨解决一些生活琐事。孙阿姨年纪大了不方便自己出门买菜，可以通过"小度"的"便民菜店"选择新鲜的水果蔬菜并要求送货到家，一些社区的便民服务也会纳入其中，剪发、护理、家政服务等都可以通过"小度"语音预约。

孙阿姨在新城市没有熟人朋友的问题也可以一定程度上通过"五福社区"得到改善。

在"五福AI助老计划"一期项目的基础上，二期项目又做了两个维度的改变。一是针对社区后台管理方面进行了加强，不只是让老年人使用这些服务，还要使线上线下联合起来；二是将助老服务从北京推向全国，针对地域性差异进行个性化改善。未来的三期项目将注重在线社区治理，将"小度"与百度云的社区治理项目进行结合。

"五福社区"是社区管理者的后台。在这里，社区管理者可以把一些老年人的需求服务链接上去，同时也可以推送一些信息，来丰富老年人的业余生活。当社区组织一些歌咏比赛和绘画比赛时，孙阿姨可以通过家里的"小度"接收这些信息，在社区活动中结识新的朋友。

在新冠肺炎疫情防控期间，社区管理者也可以通过后台录入疫苗接种信息，用信息推送的功能快速触达社区老年人。在此基础上，新一轮的技术升级还会将社区老年人使用服务的数据进行统计及可视化，社区管理者可以很清晰地了解所属辖区老年人需要的服务需求，在后续管理方向上做出辅助判断。

诚然，智慧养老依然存在着很多肉眼可见的问题。比如，关键技术和规则还未完全掌握，完全实现数据共享过于理想，如何平衡养老服务的供给和需求，如何保障个人信息的安全性，等等。

但是发展至此，现状也的确已接近我们小时候幻想的科技之家的状态，孙阿姨的"老漂族"生活也正向着幸福而美好的方向前进。

第七节 专为老年人打造一个互联网，可行吗

与其他适老、助老类的互联网产品不同，小度智能屏提供了另一种可能性。

这种可能性是指，未来也许会有更多的互联网或科技产品从一开始就是"为老年人而生"的，它们可能不需要经过适老化改造。

因为，庞大的老年群体已从人数上崛起，直接面向他们设计、生产产品，难道不也是一种机会？

按照这种思路，放眼海外，我们发现在一些更早进入老龄社会的国家和地区，这样的解决方案并不少见。

GrandPad：专为老年人设计的平板电脑

相比手机，老年人更喜欢使用平板电脑。原因很简单：屏大、字大。

但是实际上，平板电脑上的应用生态不如智能手机，因为从量级上来说，全球每季度售出智能手机约 3 亿部，而平板电脑每年只售出约 1.5 亿台。

那么，是否能为老年人专门设计一款平板电脑，并为他们打造相对独立的生态系统呢？

成立于 2014 年的美国科技公司 GrandPad 就专注于生产面向 75 岁以上老年人的平板电脑，GrandPad 平板电脑的切入点与小度智能屏非常相似。它们将平板电脑智能的一面隐藏了起来，将简单、高频的通话和社交功能摆在了优先级最高的地方，首先满足老年人使用智能设备的第一诉求——情感需求。

GrandPad 平板电脑为用户提供了相应的软件服务。它配备了老年人可以用来与亲人联系或打发时间的应用程序，支持视频聊天和通话等，老年人可以使用应用程序共享照片和发送语音电子邮件。除此之外，GrandPad 平板电脑还拥有众多适合老年人的游戏和音乐。

GrandPad 平板电脑设备操作感舒适且符合人体工程学。智能保护套可以保护平板电脑，同时保持触感柔软，充电座消除了充电过程中的布线麻烦，耐用的手写笔便于老年人与平板电脑进行交互。用户的所有首选项和联系人都预装在平板电脑内，因此开箱即可使用。

最重要的是，家庭管理员可以管理 GrandPad 平板电脑，创建一个私人圈子将家人和朋友圈进来，将垃圾邮件和骗子屏蔽在外，以确保老年群体的安全体验。

对于社交以外的功能，GrandPad 平板电脑也采用了预装的模式。通过与护理机构和网约车平台等第三方合作，GrandPad 平板电脑为老年人预置了他们需要的服务。这些服务在预装入 GrandPad 平板电脑时，会经历一个重新适老化的过程。

GrandPad 平板电脑采用了比较典型的"硬件售卖＋订阅制"的双重付费模式。这种付费模式在海外的接受程度较高，在国内并不普遍。这在一定程度上确保了 GrandPad 平板电脑可以提供持续的服务更新，不断接入新的内容、服务与适老化应用。

ElliQ：面向老年人的社交机器人

在《孤独传》（*A Biography of Loneliness*）中，历史学家费伊·邦德·艾伯蒂（Fay Bound Alberti）写道："对老年人孤独的担忧……是对西方人口老龄化更广泛担忧的表现，也是在一个家庭分散的个人主义时代对如何养活这些人口的担忧。"

受城市化进程和人口流动的影响，全球的老年人都在面临孤独感增强的问题。尤其是在新冠肺炎疫情防控期间，老年人的情况可能变得更糟糕。

Intuition Robotics 公司推出的老年人社交机器人 ElliQ 试图解决这一问题。

与其他帮助或替代护工对老年人进行生活照料的机器人不同，ElliQ 致力于帮助老年人避免孤独和社会孤立，被称为"快乐老龄化助手"。它帮助老年人与家人或朋友保持联系，参与老年人的健康保障，如提醒老年人服药等。

ElliQ 的外观设计并不拟人，却有点可爱。像是科幻电影中那种逗人开心的小机器人，又像是一盏台灯。机器人上部是一个圆形区域，当它说话时会亮起，形成 ElliQ 的面部，并可以随声音向用户旋转。

ElliQ类似于亚马逊的Alexa等人工智能助手，但是它不会被动等待接受命令。它会主动发起对话，记住被告知的内容，试图表达同理心并与老年人建立融洽的关系。

ElliQ极简的外观下隐藏了各种人工智能技术，与其他智能音箱、智能屏相比，它加入了面部识别功能。通过自然语言处理和面部识别，ElliQ可以判断用户当前的情绪，并对情绪进行反馈。比如，当用户说出一个表示悲伤的词语时，ElliQ可以识别这些词语，并将它们与公司对话制作者精心制作的众多移情反应中的一个进行匹配。ElliQ正在模糊陪伴者与照顾者之间的界限，一些用户已经接受了一项新功能，如果他们告诉ElliQ自己感觉不舒服，它会通知他们的医生。

佛罗里达州的老妇人迪安娜·德泽恩（Deanna Dezern）早在2019年便安装了ElliQ机器人。但是在新冠肺炎疫情防控期间，在体验到孤独后她才更加意识到ElliQ的重要性。ElliQ给孤独中的她带来了一些安慰，因为现在至少有"人"在陪伴她了。

"我把她称为'某人'。"迪安娜说。在迪安娜失眠的时候，ElliQ会和她交谈，那既女性化又像机器的声音使迪安娜感到平静，有效缓解了她的失眠。在迪安娜醒来后，ElliQ会向迪安娜说"早上好"，它掌握着这种问候语的一百多种变体，并且可以根据迪安娜不同的醒来时间对她进行不同的问候。这让迪安娜感觉ElliQ并不是一个被简单设定好的程序，而是一个真正的陪伴者。

与子女的陪伴不同，ElliQ从未干扰迪安娜做事的方式，只是有时会问迪安娜是否需要做一个简短的冥想或者上一节坐姿锻炼课程。

不列颠哥伦比亚大学研究老年人护理社交机器人的神经学家朱莉·罗比

拉德（Julie Robillard）指出，有证据表明，带有情感成分的社交机器人可以帮助人们减少孤独、压力和焦虑，老年人社交机器人 ElliQ 的成功案例给我们运用科技解决"空巢老人"的孤独问题提供了一个绝佳的方案。

从小度智能屏、GrandPad 平板电脑和 EliiQ 的案例中可以看到，跳过适老化阶段，直接以老年人为目标用户开发数字产品是数字适老另一种可行的路径。尤其是 ElliQ，让人联想到过去几年十分火热的 AI 虚拟人。从国外的 Replika 到微软中国的小冰，这类陪伴型的虚拟人＋聊天机器人目标似乎总是服务于 Z 世代[①]。

一方面，Z 世代用户生于网络信息时代，擅长使用新兴的数字产品，反而对 EliiQ 等产品尤其挑剔，经常对一些人工智能应用嗤之以鼻。

另一方面，很少有企业面向最需要社交陪伴的老年人研发这样的产品。

其实，不只这种场景，许多新兴的商业形态都缺乏将老年人当作用户的思考向度。

相比越来越忙的年轻人，许多老年人既有资金又有时间，想要花钱让自己的日常生活更好一些，却找不到有关的服务与产品。"与老年人做生意"并不是要"割老年人韭菜"，而是要给予老年人足够的关注，像对待普通消费者群体那样，研究他们的喜好，研发优质的产品，满足他们的需求。

事实上，老年人作为消费者的正常需求长期以来得不到满足，反而为那些非法保健品之类的诈骗提供了乘虚而入的机会。

这是不是整个市场陷入的一种自我设限呢？市场是不是应该面向老年人研发适老化的产品呢？为老年群体提供适老化的服务与产品，不仅具有经济价值，而且具有社会价值。

---

① Z 世代，也称为"网生代""二次元世代""数媒土著"，通常是指 1995 年至 2009 年出生的一代人，因此也称为"新时代人群"。

第八节　老年人与互联网，都不特殊

在思考数字适老与助老的过程中，一个巨大的疑问摆在我们的面前：

老年人，特殊吗？

一方面，我们发现许多产品在思考适老化或助老的时候，会将老年用户与障碍人士一并列为"特殊用户"。这当然有其合理性，毕竟老年群体用户和规模更大的"普通互联网用户"的需求存在一些差异。

另一方面，客观的数据又告诉我们，我国 2021 年已有 2.6 亿规模的老年人，从绝对数量上讲，老年人并不应该被视为"特殊"。从统计学意义上讲，老年人甚至应该是"普遍"的一部分。

互联网公司、互联网行业，乃至整个社会，究竟是要为老年人提供"关怀"，还是像对待普通用户那样，把他们"特殊需求"中的"特殊"两个字拿掉，当作普通的、普遍的、广大用户必然的需求之一来考量，似乎是一个值得思考的问题。

根据联合国的有关预测，到 2050 年，世界上老年人的数量将在历史上首次超过年轻人的数量。

人口老龄化是普遍的，无论是男性还是女性，也无论是中国人还是美国人，每个人都会经历衰老，每个人也都必将在未来面对一个越来越"老"的人类文明。对于各国人口中的老年人，其绝对数字和相对于工龄人口的比例都在稳步提升，这对作为社会基石的世代间和世代内的平等与团结有直接的影响。

人口老龄化是深刻的，对人类的所有方面都有重大的影响，如图 2-10 所示。在经济领域，人口老龄化将对经济增长、储蓄、投资与消费、劳动力市场、养恤金、税收及世代间传承发生冲击。在社会领域，人口老龄化影响了保健和医疗看护、家庭结构、生活安排及住房与迁徙。

用历史的眼光看老龄化的共性变化

总人口结构	前老龄社会		老龄社会（老少比30%以上）
	青年型社会（老少比15%以下）	成年型社会（老少比30%以下）	
经济影响	①少儿抚养比高 ②农村劳动力剩余 ③财富流向少儿和成年 ④第一、第二产业发达，产业年龄指向不明	①少儿抚养比下降，老年抚养比增长缓慢 ②全社会失业率高 ③青少年财富集中 ④第三产业上升，青少年/成年产品市场成熟	①老年抚养比高 ②劳动力短缺 ③财富分流，向老年人转移 ④产业年龄指向鲜明，面向老年人前景广阔
社会影响	①联合家庭、扩大家庭 ②基础设施无年龄特征	①联合家庭、核心家庭 ②基础设施面向少儿	①核心家庭、空巢家庭、四二一结构 ②基础设施适老化、无障碍发展
文化影响	前喻文化（老年崇拜）	后喻文化（青年崇拜）	同喻文化（代际间平等，代际内粘合性提升）

图 2-10 人口老龄化对人类的影响

在老龄化问题上，我国存在非常显著的特点。

第一，老龄化速度非常快，这意味着我国几乎没有适应和调整的时间。

第二，我国老年人口呈现突发式的增长，增长速度呈现"倒 U 型"，目前正处于激增点。

第三，区域间非常不平衡。我国 34 个省级行政区进入老龄社会的平均年份是 2005 年，标准差是 9.36 年，最大相差 36 年——上海、北京等大城市超前老龄化；农村劳动力外流，老龄化速度快于城市。

第四，我国积极应对老龄化拥有"后发优势"。我国是在信息化、网络化的时代背景下步入老龄社会的，这为我国积极应对老龄化提供了契机与资源。

人口老龄化作为一个全人类共同面临的前所未有的问题，也许在当下没有标准答案。但是"如何服务好老年人"并不是新命题。

第七次全国人口普查数据公布之后，我国老年群体的规模引起了社会上部分人的担忧，但是细看这些公众讨论，往往着眼于宏观。比如，经济怎么办？生产怎么办？谁来建设城市？谁又在农村耕种？

这些讨论和思考大多以"老龄社会"为整体前提展开，在某种程度上忽略了老年群体绝对数量本身和身在其中的每个个体的诉求。

老龄社会公认的标准是老年人口在总人口中的比例。国际社会界定一个国家的人口老龄化有两个标准：一是进入"老龄化"，即60岁及以上人口占总人口的10%，65岁及以上人口占总人口的7%（联合国标准）；二是进入"深度老龄化"，其老年人口赡养比达到5：1（学术标准），即5个劳动人口（15～64岁）供养一个65岁以上的老人。

从绝对数量上来说，老年群体一直广泛存在于人类社会的任何国家和任何历史时期。

自人类走出刀耕火种的蛮荒时代、人类的社会生产足以反哺那些不再从事生产的衰老个体时，人类就一直在学习如何善待老年人，这一点在不同的文明中有着极大的共性。

回到现实问题中来，即便我们不考虑2.6亿中国老年人在中国总人口中的占比（比如假定中国是一个有30亿人口的国家，即假定中国并未进入老龄社会），仅仅是如何服务好这2.6亿人本身就是一个非常值得研究的课题。

一个出生于21世纪初的现代人，如果他足够幸运，是有可能在其一生中不会遭遇视力障碍、听力障碍、肢体障碍等问题的。但是至少以目前人类的科技水平而言，地球上的每个人都必将衰老。

随着经济发展水平的提升，退休的老年人在满足了基本的生活诉求之后，也会有自己各式各样的发展诉求。他们有想要买的衣服、想要吃的美食、想要去打卡的旅游景点，有想要听的课、想要看的剧、想要玩的游戏。

这时候，另一个问题又浮现在我们的面前：

互联网行业，特殊吗？

在过去的20多年里，互联网行业作为增长强劲的朝阳产业一直在"求新"。这种"求新"体现在两个方面。一方面，互联网行业带来了许多社会活动和生产方式的创新，互联网技术极大程度地改善了人类的日常生活，人类几乎不可避免地要在生活的任何领域使用互联网。另一方面，互联网行业注重关注、挖掘、满足新人、年轻人、新群体的需求。但是，对于那些在互联网诞生之初年龄就已经较大的人来说，"方便"的互联网反而可能成为他们的"障碍"。

互联网行业的"求新"特性并不特殊，互联网之所以可能成为老年人的"障碍"，只是因为互联网行业本身太年轻了。

正如百年前电力普及的时代，人们一方面感叹电灯为普通人带来了明亮的夜晚（此前，只有上流社会享有夜晚的光明），另一方面也不得不为学习"电路""电力安全"等技术常识而感到困扰。当时的守旧派甚至认为电是"魔鬼"，是"邪术"。

半个世纪之前汽车开始大规模普及的时代，人们一边感叹这种全新的技术将地图上的距离"缩短"了，另一方面又在抱怨城市中越来越多的因汽车引发的交通事故，甚至扬言马车才是最佳的出行方式。

当一项新技术从"前沿生产力"变成"衣食住行"的一部分时，其必然经历这样一个与社会中每个成员磨合与匹配的过程。

互联网服务的享受对象，从早期那些掌握技术的行业先驱发展到不用怎么学也能掌握技术的社会中间人群，意味着互联网实现了相当程度的普及，现在是时候让那些"无论如何也学不会互联网"的人群也能享受到互联网带来的福祉了。

在互联网普及过程中，互联网为全社会带来的整体价值在不断凸显，互联网行业也从中积累了服务更多不同类型用户的方法论，并且充分认识到其中的经济价值。

如此说来，"数字适老"理应是老年人与互联网行业的"双向奔赴"。

第三章
重连,在数字世界再造乡村

2013年四川芦山大地震，陶坝村因灾返贫。

政府通过帮助陶坝村种植佛手瓜支持陶坝村灾后重建，然而陶坝村地处大山深处，信息不畅，佛手瓜丰收，却迟迟找不到销售渠道，以致产品滞销。

陶坝村遭遇的"失联问题"是中国乡村面临的普遍困境。腾讯可持续社会价值部"为村发展实验室"的陈圆圆对此深有感触。在"精准扶贫"这个词还没有被广泛提及的2009年6月，腾讯公益慈善基金会就已经启动了一个名为"腾讯筑梦新乡村"的实验性项目，计划用5年时间投入5000万元，集中在云南迪庆州和贵州黎平县、雷山县这"两县一州"，探索利用互联网企业的核心能力，通过城市文化的善意输入推动乡村价值的有效输出，以助力西部乡村发展，重塑乡村价值的公益解决方案。[1]

2009年，陈圆圆作为腾讯公益慈善基金会的项目经理，参与策划并主持了这个项目的实施。2011年和2012年，她先后挂职贵州黔东南州大山深处的黎平县教育局副局长和旅游局副局长。这个项目从2009年开始，先后有6位

---

[1] 陈圆圆，莫敷建.腾讯为村："互联网+"中的为多数人设计[J].装饰，2018（04）：16-22.

腾讯员工到帮扶地挂职。在探索初期，大家都碰了壁，只有陈圆圆愿意坚持，她不信闯不出一条路来。

在黎平县扎根的 2 年时间里，陈圆圆走访了 25 个乡镇，接触了大量的基层村支书、村干部、乡镇干部及县里面的领导。

在做项目的过程中，由于陈圆圆可以参与一些政府部门组织的会议，因此了解到政府部门对一些政策详细、全面的解读，而这些政策落实到基层的时候，在思考和执行中却出现了非常大的信息折损。一个很重要的原因是，传统的信息传达方式相对单一，主要靠一场场的会议将顶层设计往下传达。而每场会议的参会者对会议精神都有各自的解读，一样的文件被拿回去后，执行人又往往是没有直接参会的人，于是在向下传达的过程中信息再次折损，每一轮的解读多多少少都有断章取义的情况发生。

政策落实到基层之后，一些县、乡镇会从文件中直接寻找操作部分进行拆解，最后村里得到的就是一纸通知，这个通知已被表述为做某件具体的事情，这就导致了所有的执行人都是知其然而不知其所以然的，不知道为什么要做，但又被要求去完成。而且这种工作变成了上面千条线下面一根针，各种任务都往村支书这根"针"里塞。[1]

陈圆圆敏锐地发现，上级下达了通知之后，干部之间沟通不畅导致群众无法充分理解文件精神，这便产生了乡村的"信息失联"问题，而乡村的"信息失联"问题往往会被一些表面的"失联"现象所掩盖。2014 年 9 月，陈圆圆带领团队对帮扶的乡村进行了一次全面的调研，将乡村落后的根源性问题定义在了"失联"上。

改革开放以来，获取财富的机会快速向城市汇聚。为获得更高的收入，

---

[1] 直接引自陈圆圆 2021 年 9 月 23 日在中国西部人才开发基金会的发言。

乡村中的青壮年大规模走上了进城务工的道路,这引发了"留守儿童"和"空巢老人"等社会问题,造成人们情感的"失联";同时,青壮年的外流也加剧了"空心化"村庄与时代发展信息的"失联",进而带来了乡村财富的"失联"。

这3个"失联"相互交织、相互影响,日益消磨着乡村的活力,也困扰着迫切期待乡村摆脱贫困、快速走上发展道路的各级政府管理部门。在这3个"失联"中,"财富失联"是结果,"信息失联"是原因。而对乡村帮扶的传统解决方式通常考虑直接解决"财富失联"的问题,帮扶式脱贫、依靠外力的资助型投入忽略了激活乡村内生动力的必要性,村民仍然难以获得在家门口过上富足生活和不断获得发展的机会。

目前,我们已经进入技术社会。雅克·埃吕尔(Jacques Ellul)在《技术系统》(*The Technological System*)一书中向我们描绘了"技术社会"的内涵:"技术社会"是一个处处渗透着技术且以技术为工具的社会,技术环境与自然环境、社会环境具有同等意义。究其根源,乡村失联问题正反映出技术社会中城乡存在着"数字鸿沟"。

目前,几乎没有人会否认我们已经进入技术社会。互联网在我们生活中扮演的角色,已经从20年前的休闲方式变成了当下的工作方式、生活方式甚至发展方式。

数字技术为城市带来了发展与繁荣。然而,在相当长的时间里,数字技术却很少大规模下沉到乡村。

根据第48次《中国互联网络发展状况统计报告》,截至2021年6月,中国城镇地区的互联网普及率达到78.3%,农村地区的互联网普及率只有59.2%;我国农村网民仅占整体网民的29.4%,城镇网民占整体网民的70.6%。

乡村数字鸿沟是乡村振兴过程中不可忽视的内生问题。面对这一挑战，华东政法大学马克思主义学院教授杨嵘均提出，应当对乡村进行数字赋能。所谓乡村数字赋能，是指利用网络、信息、数字、人工智能等技术增强农村经济发展、政策制定和执行、社会治理及文化建设等内生动力，以达到乡村基层经济发展增效、民主建设增强、社会治理增智、文化治理增益、生态文明增进，以及增强农民获得感、满足感、归属感和幸福感的振兴目标，为解决"三农"问题提供内生动能。①

目前，在国家政策的推动下，互联网技术、5G移动通信技术等成功下乡，全国大多数村庄也都接入了互联网；但是与之相适应的技术基础设施建设却仍然未能跟上，而与技术基础设施建设相比更严重的问题是，很多村民没有解放思想、没有拥抱互联网技术和促成与外界连接的思维。

中国社会学、人类学奠基人费孝通曾说："中国社会是乡土性的。"② 乡村是熟人的社会，具有浓厚的乡土意识；长久以来，农民心中恪守着保守求稳、安于现状的思想观念，这形成了乡村社会日常生活的自发社会秩序。而"自发社会秩序所遵循的规则系统是进化而非设计的产物，而这种进化的过程乃是一种竞争和试错的过程，因此任何社会盛行的传统和规则系统都是这一进化过程的结果"③。一旦这一规则系统受到外界力量的冲击，自发的社会秩序就会出现暂时或者长久的混乱或不适应。

---

① 杨嵘均，操远芃.论乡村数字赋能与数字鸿沟间的张力及其消解[J].南京农业大学学报（社会科学版），2021，21（05）：31-40.
② 费孝通.乡土中国[M].北京：人民出版社，2015：1.
③ 弗里德利希·冯·哈耶克.自由秩序原理[M].邓正来，译.北京：生活读书·新知三联书店，1997：6.

第一节　一场互联网实验

如何在这样的情况下对乡村进行数字赋能,促成乡村的连接?只有开发出与乡村场景匹配的技术,才能减少村民的排斥性。①

一方面,技术的"普适性"要与乡村的"地域性"匹配,每个乡村场景都是独特的,要根据乡村场景调整技术,实现技术性格与乡村性格的匹配。另一方面,技术的"现代性"要与乡村的"乡土性"匹配,技术的"现代性"要求按照高度标准化、同质化和格式化的方式改造乡村,而"乡土性"则要求保持乡村独特的地域景观、文化景观和风俗习惯。

一场关于乡村的互联网实验悄然发生。

这场互联网实验促成了一个使用移动互联网发现乡村价值的平台"为村发展实验室"的出现。

2014年9月,马化腾在一次高校演讲中首次提出"'互联网+'是通向未来的7个路标之一",并于2015年全国"两会"期间带来了针对"互联网+"的提案。也是在这一年的全国"两会"期间,李克强总理在政府工作报告中首次提出"互联网+"行动计划。这场"互联网+"的浪潮是否能够助推中国乡村发生改变呢?

在陈圆圆2014年挂职的贵州省黔东南州黎平县岩洞镇大山深处,有一个叫作铜关村的小村庄。这个户籍人口1845人的村庄,人均年收入不足2500元,留守在村里的500多个人中,有智能手机的村民竟然不到10人。

2014年11月,陈圆圆和她的团队在腾讯公益慈善基金会的支持下,计划在铜关村展开一场互联网实验:他们邀约中国移动在铜关村架设了贵州省

---

① 王丹,刘祖云. 乡村"技术赋能":内涵、动力及其边界[J]. 华中农业大学学报(社会科学版),2020(3):138-148.

第一台坐落在村庄里的 4G 基站，基站可覆盖 3 个自然村。

团队邀请了 100 位半年内不会离开村庄出去打工的村干部和村民，中兴通讯公益基金会向他们捐赠了他们人生中的第一台智能手机。而腾讯的这支团队，分批组织培训，负责指导这批村干部和村民学习如何使用智能手机以成本更低、效率更高的方式与外出务工的家人联系；同时建立了"为村贵州黎平铜关村"微信公众号，用于干部与在村群众和外出务工村民的联系，首批 54 位村民加入微信群，此后超过 180 位村民加入微信群并建立起联系。

大山里的村民们首次通过微信与外界实现了连接。

2015 年 7 月，铜关村开始评定新一年的低保户，这个小山村的平静被打破了。

村委会从早到晚都在开会，村民们三三两两交头接耳，低保户名额"僧多粥少"，竞争激烈。腾讯团队鼓励村两委使用微信公众号发布低保户名单，以消除各种流言。最终，村干部下决心采用这一崭新的方式。

"为村贵州黎平铜关村"微信公众号的第一篇推文是《铜关村低保初审名单出炉，敬请关注》，由腾讯团队帮助编辑并发布。

当晚 9 时许，有村民将文章链接转到铜关村村民微信群里。这个沉寂半年多的微信群，半小时内有 40 余位村民被邀请进群，产生了 500 余条聊天信息。

新入群的绝大部分是外出务工村民，他们进群后开始持续批评低保评选不公平，嘲讽名单内定甚至诋毁村两委成员，一时间负能量聚集。

深夜 11 时许，村支书吴珍刚发出自己在群里的第一条信息："我有一段时间不上微信了，刚才知道大家关注低保工作，很好，正因为要把这项工作做好才要大家议议，做到公开公平公正。从开始到现在都是按程序走的，现在是第一榜，三榜定案。希望大家提具体意见，看好评定标准。我也觉得有不够科学的地方，我们会争取我村最大限度应保尽保。总之，这次评定绝不是个人行为，需要大家支持，不好在群里说的可直接打我电话。"

诚恳的态度使村民们的抱怨减少了，大家开始客观反映问题。村民提出问题，村两委及时说明，不明确的问题村委会会马上核实，并在第二天在群里及时反馈。越来越多的村民为村委会的态度和行动竖起大拇指，村委会的决定获得了大家的理解和认同。

事后，腾讯项目组了解到，这一年是铜关村历年低保评定群众满意度最高的一年。

通过这件事，铜关村干群关系改善了，村民开始更加关心村子的发展。微信不仅开始连接了亲情、连接了信息，还连接了信任与理解。

这件事触动了陈圆圆和她的团队，他们开始着手将铜关村的微信公众号升级为服务号，并基于微信服务号以 H5 页面的方式，为村庄开发"为村"平台，但一开始只有 4 个板块：村务公开、财务公开、书记信箱、村委日记。而这 4 个板块也是平台迄今为止最有价值的板块。

平台上线一个月后，村里开始发生变化：村委日记和书记信箱里的"书记的公开信"成为村两委与村民沟通情感的桥梁，群众来信则成为党员干部公开为群众排忧解难的重要依据，"为村"平台成为连接村两委与村民特别是外出务工村民的情感纽带。

2015 年 8 月，腾讯公益慈善基金会在铜关村召开新闻发布会，正式向全国发布"腾讯为村"公益品牌和"为村"微信公众号开发平台。

2017 年 4 月，陶坝村正式入驻"为村"平台，村民通过"为村"平台发布了佛手瓜售卖信息。和往年的滞销不同，这一年，佛手瓜还未挂果，就吸引了不少批发商的关注，短短一个月就被订购一空。陶坝村原本滞销的佛手瓜不再愁卖，价格还翻了两倍。

截至2019年12月，入驻"腾讯为村"微信公众号平台的村庄超过15 000个，入驻村民超过250万人。此后，"腾讯为村"开发了相应的App。在"为村"平台里，村民无论身在何处，都可以在线实时了解村里的大小事情；针对涉及民生、医疗、教育、经济等领域的服务需求，平台可以快速连接城市及第三方平台；在提高乡村基层工作效率方面，平台可以为各级干部提供公开发布党务、村务等信息的渠道，使信息一键下达至一线村民。

产生于2015年的"为村"平台是一场关于乡村的互联网实验的成果。在那个专门描述乡村及三四线城市的行业名词——下沉市场——还没被发明的时代，一部分互联网人率先注意到了中国巨大的城乡差异。

认识到这种差异，是找回在互联网上失联的乡村的第一步，使后续乡村地区的每个人用好互联网改善自身状况成为可能。

第二节　服务互联网"最后一公里"

河南新郑盛产小平菇，然而，和陶坝村面临的困境一样，新郑的小平菇总是滞销。

小飞是河南新郑的菇农，2017年夏天，他拉着500筐小平菇到陕西西安售卖。市场商贩最开始给出的价格是10元每箱，远低于20多元每箱的市场价格。新鲜的小平菇必须在两天内卖掉，不然就会失鲜。商贩正是看准了菇农的这一软肋，疯狂压价。最后，商贩甚至给小飞开出了5元每箱的价格。

这件事让小飞发愁：他苦心学习种植技术，提高了平菇的产量，却因为产销不对路，经常被农产品批发商压价，辛勤劳作的最后赚的钱却很少。

传统的农产品流通过程至少要经过经纪人、批发商（多级）、销售商3个中间商，加上生产者（农户）和消费者共5个主体，涉及4个流通环节。农产品在中间商之间层层传递，而这种传递往往是低效的。它使得农产品的价格不能及时反映消费端的真实需求，经纪人在丰收季常常压低农产品的价格，以致"谷贱伤农"。[1]因此，多年前，我们有时会看到某种农产品烂在产地而城市里此种农产品却"物以稀为贵"的事件。

河南新郑菇农遇到的困境正与这种传统的农产品流通模式有关，农民不赚钱、消费者不省钱，传统农产品流通模式的弊端日益显现。随着科学技术的发展，互联网思维、技术开始赋能传统农产品流通模式，新的农产品流通模式逐渐形成，即"互联网+供应链"[2]。

2020年10月，小飞的烦心事得以解决。在小飞的仓库5千米之外，美团优选建起了分销仓储。双方经过沟通达成了合作，小飞成为美团优选的供应商。

小飞自豪地说道："美团优选收购小平菇的价格稳定，而且量非常大。现在，我可以为500多户小平菇农户解决他们的销售问题。"

美团优选正是"互联网+供应链"的典型案例，它在菇农和消费者之间搭建了一个平台，农产品的流动环节少了，菇农赚的钱多了，消费者花的钱少了。

开启"互联网+供应链"模式的不止美团优选一家。2021年，叮咚买菜

---

[1] 李曦方，闫宁. 农产品新媒体营销分析——直播电商新势力 [J]. 办公自动化，2021，26（07）：33-34+51.

[2] 李美羽，王成敏. "互联网+"背景下鲜活农产品流通渠道模式优化研究 [J]. 北京交通大学学报（社会科学版），2019，18（01）：102-114.

全面启动"绿水青山"帮扶计划。

福建省建瓯市鹭峰山脉西侧的东游镇溪屯村，地理位置优越、土壤肥沃、自然环境秀美。这为当地的农作物种植奠定了基础，溪屯村生产的锥栗、芋子、冬笋品质上乘。但是，当地以散户种植为主，农户们没有议价权，即使是具有国家地理标志认证的商品，比如建瓯锥栗，也卖不出好的价格。

卖不出好的价格，农户种植的积极性便会受到打击。建瓯市积极探索扶贫新模式，建立了"合作社＋贫困户＋电子商务"模式，建瓯市天耕农产品专业合作社便是探索的成果之一。

建瓯市天耕农产品专业合作社顺利成立后，需要一个企业协助销售。叮咚买菜此时与其达成全面的战略规划，陆续面向需求用户输出高标准化的锥栗、肉丝瓜等。短短两个月的时间，叮咚买菜通过建瓯市天耕农产品专业合作社采购商品达 100 种，轻松解决了当地农产品稳定输出的难题，同时在确保农产品销量的前提下，价格也更加稳定，极大程度地提高了农户的种植积极性。

叮咚买菜采用的基地直采模式，不仅可以节省传统农产品供应链中各类不必要的流通环节和成本，还可以以订单农业的模式为上游种植、养殖农户提供符合市场需求的标准，倒逼农业上游的改革和进步。

"互联网＋供应链"覆盖到了农产品的出村方式。但是，农产品出村方式匮乏绝非农产品"失联"的唯一问题，新鲜的农产品进入乡镇乃至村庄也是个大问题。

毛西锋是陕西辋川镇人。辋川镇地处西安市蓝田县，距离县城仅有 15 千米路程。但是在 2018 年之前，辋川镇一直没有开通快递服务。

"镇子到县城的班车两个小时一趟，镇里人买菜很不方便，尤其是在新冠肺炎疫情防控期间,镇子实施了交通管制,只有一家超市提供蔬菜和水果。因为疫情,超市的蔬菜、水果价格翻了好几倍,一斤白萝卜涨到了6块钱。"毛西锋回忆道。

为了让镇里人吃上新鲜、优惠的蔬菜,2020年,他向美团优选等多个社区电商平台提出申请,成为一名乡村团长。

"镇子七百多户人家,三千口人,大部分是留守老年人和儿童。2021年,很多外地打工的年轻人通过美团优选为镇子里的老年人、小孩购买蔬菜和水果。"毛西锋将这类订单称作"孝心单",每份订单他都会亲自送上门。

而这正是美团优选基于互联网提出的新型商业模式:社区电商团购模式,如图3-1所示。

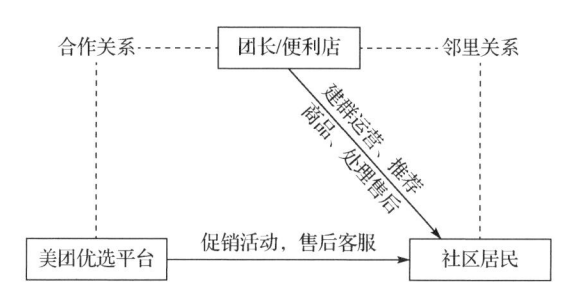

图 3-1 美团优选商业模式[①]——社区电商团购模式

社区电商团购是社区内居民团体的一种购物行为,建立在社群营销基础之上,是依托真实社区的一种区域化、本地化的团购形式,它是一种消费者对企业(Consumer To Business,C2B)的电子商务。它以团长(社区小店、个人、便利店店主)作为分发节点,消费者可以通过微信群、小程序等第三方工具拼团,拼团产品主要以生鲜产品为主。

美团优选的商业模式,由美团优选平台、团长/便利店、社区居民三

---

① 杨予. 社区团购探究——以美团优选为例 [J]. 中国市场,2021(36):160-161.

方构成。

（1）"美团优选平台 – 团长/便利店"：平台为团长/便利店提供商品、物流、售后等支持，团长/便利店收取 10% 左右的佣金。

（2）"团长/便利店 – 社区居民"：团长/便利店利用自身的私域流量，给社区居民推荐商品。

（3）"社区居民 – 美团优选平台"：社区居民通过"美团"App 或者"美团优选"小程序下单购买产品，平台为社区居民提供售后服务。社区电商团购模式具有用户购物体验良好、获客成本低、交付体验好及可用售后服务增加用户黏性等一系列优势。

值得注意的是，尽管社区电商团购模式后续在行业内引发了争相布局的热潮，确实为许多地区的农产品打开了销路，但是它在城市消费端的策略和运营模式也引发了一定的争议。

一方面，在新冠肺炎疫情防控期间，社区电商团购承担了封控社区内一定量的蔬菜肉蛋奶供应，在保障物资方面起到了重要作用。但是另一方面，部分社区电商团购平台没有妥善处理与城市商圈中小商贩之间的关系，进而受到了来自各方的责难。

在受到政策警示后，社区电商团购行业的扩张速度有所放缓，但是行业内的一些公司仍在继续尝试对这一模式进行优化，探索人人都能受益的新方案。

第三节　授人以鱼不如授人以渔

华东政法大学马克思主义学院教授杨嵘均认为，从技术本体论的角度出发，数字技术下乡的过程有两层含义。

一是从技术的"硬件"出发，数字技术需要一定的物理设备去执行功能，因而乡村数字赋能实践的过程，实际上就是加强乡村信息基础设施建设，建立并完善乡村数字赋能物质基础的过程。

二是从技术的"软件"出发，任何物理设备都有相应的操作方法和流程，只有作为实践主体的人掌握了数字技术，才能发挥数字技术的赋能效应。因此，从这个角度看，乡村数字赋能实践的过程，实际上就是推动信息化人才下乡，对乡村人口普及技术知识、建立乡村数字赋能"智力基础"的过程。[1]

由此可见，对乡村进行数字赋能，人才培养尤为重要。

美团在2021年6月18日，联合中国光彩事业基金会、中国国际电子商务中心、农业农村部管理干部学院共同启动"乡村振兴电商带头人培训计划"，为美团社区电商团购模式培养人才。"乡村振兴电商带头人培训计划"依托项目各主办方的资源及师资力量，共同开发了七大教学板块、近200门主题课程的培训体系，为处于不同学习阶段的群体提供入门与进阶式的分类课程，并针对学员培训意向、当地实际需求提供"菜单式"选课服务。

与此同时，为满足不同学员的理论及实操需求，近百名拥有丰富科研和授课经验的讲师受邀成为公益讲师，在培训地提供讲座授课、实地考察、座谈交流等多种学习形式的现场教学。以贵州赫章县培训为例，为使培训更具针对性，项目组邀请县委统战部及挂职干部、驻村第一书记参与课程设计，从课程体系中精心挑选了"农产品电商运营环节与基本技巧""三农主播人设打造与开播实操""农业专业合作社创新发展思路""农产品上行困境与营销方法""旅游规划及营销策略""零售变革与社区电商"共6门主题课程。

而另一家同样在从事乡村振兴工作的互联网公司——腾讯，似乎更早就

---

[1] 杨嵘均，操远芃.论乡村数字赋能与数字鸿沟间的张力及其消解[J].南京农业大学学报（社会科学版），2021，21（05）：31-40.

意识到了人才培养在乡村振兴中的重要作用。

2021年4月,腾讯可持续社会价值事业部(SSV)成立,"腾讯为村"也正式升级为"为村发展实验室"(以下简称"为村")。"为村"在发展的第一阶段主要是希望使用数字化的方式助力基层党建,引领乡村治理,解决乡村"失联"的问题。而在后来的实践过程中,腾讯人发现,搭建平台、促成连接只是第一步,后续的人才培养才是更为关键的一步。[①]

"村干部的一天都要做什么事?手机里都装了哪些软件?""如果有公益的教育小程序,村里的小学有没有硬件条件用起来?""填表耗费时间太多,大家能不能在微信群里一起填表?"等一系列问题需要腾讯相关团队找到答案。

2021年9月27日晚,来自四川德阳广汉市、湖南新化县、广西都安县、广东东源县的39位乡村治理骨干在腾讯滨海大厦与来自腾讯微信、腾讯微保、腾讯看点、腾讯体育、腾讯广告、腾讯用户研究与体验设计中心、腾讯志愿者、腾讯研究院等团队的腾讯员工,展开了一场别开生面的对话。

乡村治理骨干们在对互联网前沿发展大开眼界的同时,也提出了自己最直接的"痛点",并对解决方案充满期待;参与对话的腾讯员工,也在这场对话中听到了真实的用户声音,收获了基层用户的需求。

这场培训正是"耕耘者"振兴计划的一部分。在2021年5月,腾讯与农业农村部签署战略合作协议,双方共同合作实施"耕耘者"振兴计划,促进我国乡村治理体系和治理能力现代化,推动乡村全面振兴。陈圆圆正是这个项目的腾讯方面负责人。

"耕耘者"振兴计划是一种政企合作的新模式,政府发挥政策指导、工作体系完善等方面的优势,负责统筹协调计划的整体推进并牵头组建指导委员

---

① 直接引自2021年10月1日深圳卫视对陈圆圆的采访。

会。企业发挥互联网技术、信息服务、大数据方面的优势,提供资金支持及建立"耕耘者"培训体系。

自 2021 年开始的 3 年内,腾讯将在"耕耘者"振兴计划上投资 5 亿元,用于乡村治理骨干和新型农村经营主体人培训。目标是通过线上线下相结合的方式,在线下免费培训 10 万人,在线上免费培训 100 万人。

从资金分配上来看,这是一次既传授方法也给予资源支持的新型培训模式:其中 3 亿元将用于线下培训;1 亿元的"加油耕耘者基金",用于课件开发、课题研讨、平台运维、线上奖励等;1 亿元用于为优秀"耕耘者"项目提供公益广告资源。

陈圆圆在接受媒体采访时说,"耕耘者"振兴计划还将把互联网工具和思维方式注入乡村振兴之中。① "耕耘者"培训体系以县域为单位,以线上线下同期培训的"上下同学"为模式,所有培训均是免费的,表现优异者还能参加比赛,为自己负责的村子的项目争取奖励。

为了让广大乡村治理骨干在日常遇到乡村治理难题时能及时找到解决方案,"耕耘者"振兴计划除了向他们提供这种参与面较小、学习程度较深的集中培训学习,还研发了一个线上的学习平台:"为村耕耘者"小程序,这是一个知识分享平台。除了系统地梳理乡村振兴相关的政策文件及政策解读文章,对于入选农业农村部乡村治理典型案例的村庄,以及入选新型农业经营主体典型案例的合作社与家庭农场,平台还提供了相关专题。这些村庄的村支书和新型经营主体的理事长、家庭农场主,将围绕腾讯与中国社会科学院社会学研究所联合推出的"乡村振兴 100 问",以图、文、视频等形式介绍自己是如何从零开始将村庄和产业组织发展起来的。

---

① 直接引自 2021 年 10 月 1 日深圳卫视对陈圆圆的采访。

全国各地的乡村治理骨干和经营主体带头人都可以在线开展学习交流，观看视频课件，查看重大事件的乡村专题，以及报名线下培训。而"耕耘者"团队还在农业农村部指导下，在与优秀村庄的学习和交流中，将他们优质的治理方法论转化为小程序形式的数字化工具，帮助各村庄提升基层治理效率。目前第一款治理工具"村级事务积分制管理"已经发布，来自2019年首批入选农业农村部乡村治理典型案例的湖南省娄底市新化县吉庆镇油溪桥村。

这款治理工具的诞生，表明油溪桥村的优秀模式已经从以纸质档案形式存放，转化为以数字化工具形式存放，能够发挥更大价值。全村干部拿着手机就能随时记录和公示事务，不仅大大提高了油溪桥村的治理效率，还为这个模式的广泛推广奠定了基础。腾讯研究院还将牵头建立"耕耘者"振兴计划智库，展开课题研究，输出学术成果，指导培训发展，总结优秀村庄的经验并分享给更多村庄。

第四节　帮"耕耘者"圆梦的腾讯人

如何才能联系上更多的乡村"耕耘者"呢？陈圆圆想到了腾讯内部来自农村的员工。

2021年8月20日，一封内部邮件抵达全部腾讯员工的邮箱——

"腾讯的'村花''村草'们！报名99公益日'云端上的驻村工作队'志愿者，成为'耕耘者追梦行动'的连接人、咱村梦想的助力者！支持你为家乡加油！"

腾讯员工梁朝伟打开了陈圆圆那封号召腾讯人助力"耕耘者"圆梦的邮件。

梁朝伟是腾讯可持续社会价值事业部为村发展实验室的员工，自己就是一位"耕耘者"。在最近的村领导班子换届中，他当上了理事，还发动全村力量共同出资修了路灯。

他想解决村子里用水难的问题。"我的家人现在还住在村子里，他们和我说，饮用水不干净，洗澡水有时也是脏的。过节回家如赶上水池渗漏，会没有水可用，大年三十都得控制用水。"谈起村子里用水难的问题，梁朝伟一脸愁容。让村民喝上干净的饮用水成了"云理事"梁朝伟要做的第一件事。他这位"耕耘者"想帮助村里的乡里乡亲圆了这个梦。

腾讯员工张婉莹也打开了这封邮件，但是与梁朝伟不同，她想在第二故乡帮一名"耕耘者"圆梦。张婉莹出生在黑龙江的一座内陆城市，从小便有一个大海梦。大学毕业后，她只身一人来到大连，在这里奋斗了16年。16年里，她在大连体验了人生中的酸甜苦辣，也见证了这座城市的变化。

"原来上班走过街口时看见的低矮破房已经变成了高楼大厦。"张婉莹感慨地说道。可以说，她是和这座城市一同成长的。如今，大连不再是她孤身一人的寄居地，而是真正的第二故乡。

听了张婉莹的想法，一位从事"美丽乡村"工作的朋友带着张婉莹来到了大连市石河东沟村。村子不大，只有五六十户人家，不过村子环境很好，有凉爽的林荫地，树上还挂着又大又甜的桃子。只是张婉莹觉得村子里异常冷清，基本看不到青年人，只有几个老年人坐在村口，守着自家的蔬菜、水果，等待着游客光顾。

路两边有的围墙是坏的，有的水渠是堵塞的。水渠旁一段二三十米的路已经破损，张婉莹因此差点摔了一跤："旁边有村民让我小心。他说现在还不是春天，等到春天雨水大的时候，淤泥还会从水渠里漫出来，路会更不好走。"

村支书是个"80后",说到村子里的问题,他也有自己的无奈:"虽然村子没有穷到揭不开锅的地步,但是又要考虑福利,又要考虑养老,又要考虑基建,要花钱的地方非常多,巧妇难为无米之炊,没有钱想做什么都难。"

"如果给村支书这个本地'耕耘者'帮忙,能不能就从修复那段水渠开始?"张婉莹想说动村支书,但是村支书也有一些顾虑:如果腾讯公益的配捐比不到位怎么办?如果募捐不到钱怎么办?如果村民的梦想最终并没有实现怎么办?

张婉莹何尝没有顾虑,本来就贫困的村民能捐多少钱呢?社交裂变真的能让更多人知道村民的梦想吗?募捐金额真的能筹够吗?"一颗种子如果不种下去,那永远也长不出来。"在给村支书吃下这样的"定心丸"后,她便开始准备筹款文案、确认工程预算、发起筹款动员。

2021年8月25日,8位腾讯云端上的驻村志愿者联合家乡发起的11个"耕耘者追梦行动"公益项目,在腾讯公益平台上线。修一座桥,修一段路,修复一截水渠,修一个留守儿童活动中心,净化村庄水源……他们种下了一颗颗公益的"种子"。

对于每位参与的腾讯志愿者而言,这既是一次帮助"耕耘者"圆梦的旅程,也是他们为这么多年来与故乡、与乡村之间的牵挂与羁绊找到了一个支点。

第五节 短视频成为"新农具"

水西村地处广东省北部山区,距离清远市城区68千米,过去曾是破败萧条、土地荒废、村务缺乏管理的"问题村"……如今,这里摇身一变,成了干净整洁、规划有条不紊、游客和商户络绎不绝的"网红村"。

改变的背后是村干部刘逢明利用短视频走出来的一条"乡村振兴之路"。

2016 年，受一次省外考察触动，在城市扎根多年的商人刘逢明决心回到水西村，全身心投入乡村振兴和产业发展的事业中。当时摆在他面前的一大难题是，如何让更多人知道水西村，以及如何让更多的资源进来？

2018 年 8 月，清远市首推"乡村新闻官"制度，刘逢明被聘为首批乡村新闻官。在清远市联合快手进行培训期间，他第一次接触到短视频。刘逢明拍摄了一条踩玻璃栈道的视频并上传到快手，短短几天内就获得了 185 万次播放量。

发现了机遇后，刘逢明一边管理着村务，一边认真经营快手账号为家乡"代言"。

有了短视频的助力，水西村的经济也好了起来，旅游业、生态农业蓬勃发展。刘逢明接受媒体采访时表示，村民集体纯收入从 2015 年的 5000 元飞跃至 2019 年的 68 万元。此外，2019 年水西村被评为广东省特色村，劳资收入达到 155 万元，营业收入达到 890 万元。大部分村民有了工作，附近的村子也纷纷开始仿效水西村模式。

2019 年年初，40 多岁的刘逢明重新上了一次"大学"。他远赴北京快手公司总部，参加"快手幸福乡村带头人计划"培训，和像他一样的快手村干部、快手达人一起研究怎样拍快手视频，怎样结合水西村的优势将内容传播出去。

在国家不断出台扶贫政策的背景下，快手启动了"快手大学"扶贫项目，着力培养像刘逢明这样有意投身社交电商、短视频宣传的人才，推动乡村振兴和产业发展。

和刘逢明一样，从"快手大学"中走出来的"快手村长"不在少数。同样地，广东连樟村的村支书陆飞红也接受了快手培训，使用快手宣传家乡、推销家乡的特色农产品，一星期就卖出了600千克的番薯。

而短视频正是另一种"互联网+"商业模式，不同于美团以消费者需求为主导的社区电商团购模式（属于C2B电子商务），这种短视频、直播助农的模式以内容、偏好为中心形成社交联结。它又被称为内容型F2C（Farm to Consumer，从农场到消费者）模式，可以让农户自己成为自媒体运营的中心。

在农产品流通领域，内容型F2C模式帮助农户跨越层层中间商，将"生产端"与"消费端"直接相连。平台通过精准的算法推送来吸引有内容偏好且分散的消费者，可以实现空间和时间的聚集，进而达成农产品的销售。①

2018年8月，快手成立扶贫办公室，探索"短视频、直播+扶贫"的新路径。2018年9月，快手启动幸福乡村"5亿流量"计划，助力国家级贫困县优质特产推广和销售，帮助当地农户脱贫致富。2018年12月，快手启动"福苗计划"，发力电商扶贫领域，招募达人、MCN（Multi-Channel Network，多频道网络）机构（MCN机构又称"网红孵化机构"）、服务商等通过快手平台帮助贫困地区推广和销售特产。

2019年10月，快手与温暖中国社交电商消费扶贫行动组委会共同推进了"点亮百县联盟"，助力全国100多个贫困县进行流量扶贫、电商扶贫、教育扶贫、产业扶贫及文旅扶贫。

新冠肺炎疫情防控期间，快手采取了平台佣金减免、免费流量扶持、专业运营指导、主播无偿助卖等措施，助力农特产品销售。此外，快手还开展了"百城县长·直播助农"系列活动，旨在打通农产品销售"最后一公里"。在第一期全国11县的县长直播带货中，快手累计销售百吨果蔬生鲜产品，带

---

① 李曦方，王亚明.基于社交电商的农产品上行策略研究[J].商业经济，2021（12）：60-63，84.

动个体农户销售近百万单农产品。疫情期间，新疆阿克苏300吨红枣销售受阻，快手对此给予了大量流量补贴和运营技巧支持，帮助阿克苏农户解决了销路问题。快手的"短视频、直播+卖货"模式在克服疫情对脱贫攻坚造成的影响、助力乡村振兴方面发挥了巨大的作用。

"直播+扶贫+产业"模式是指在移动互联网时代，利用小视频和直播节目，由农民向海量粉丝展示农村的生产、生活场景，将流量转化为农产品的在线交易，帮助农民脱贫致富。[①] 这种模式的本质正是用数字技术赋能农民，在这个过程中手机俨然成了"新农具"，而拍摄短视频、进行直播成了"新农活"。

第六节　新留守青年

"古城无花哥"（下称无花哥）是一名快手幸福乡村带头人。无花哥不到一岁时母亲就去世了，父亲含辛茹苦地将两兄弟抚养长大。从小到大，乡亲们给予了这个家庭很多帮助。无花哥是"穿百家衣、吃百家饭"长大的孩子，作为村里的第一个大学生，他的学费都是乡亲们"众筹"的。

2010年父亲去世，无花哥深受打击，但是他将父亲的临终遗言牢牢记在了心里，"一定要做一个不忘本的人"。而立之年的他顺利在成都安家立业，过上了令人羡慕的生活，但是，父亲的教诲犹在耳畔，而家乡多年来似乎也没有什么改变。

于是，他选择在2017年辞职，独自一人回到了家乡四川阆中，承包了100亩土地种植无花果，在快手上记录着自己种植无花果的日常轨迹。

---

① 叶秀敏.电商扶贫新模式：直播+扶贫+产业[J].信息化建设，2019（04）：50-53.

粉丝们看着无花哥的视频，似乎亲身体验了一把无花果"从地里到嘴里"的过程，这不仅拉近了粉丝们与无花哥的距离，也提升了粉丝们对无花哥的信任度。前期靠视频拍摄和播放积累的粉丝，成了无花哥 2018 年将无花果销售一空时的主力买家。

看到了红利和市场后，越来越多的老乡参与进来。2020 年，老乡们种植了约 200 亩无花果，100 多位村民实现了增收。

华中师范大学教授徐勇提到，20 世纪曾出现过"返乡潮"的现象。河南林州市在 20 世纪 80 年代后期和 90 年代初期出现了"十万民工下太行"再创业的景象。农村人口离土离乡，外出务工、经商，获得资金、更新观念、学习技术，然后返回家乡改造农村，建设现代化农村。

然而这种"返乡潮"并没有成为可持续性范式[1]。现在，在技术的推动下，一批像无花哥一样的有志青年，带着先进的技术回到农村，助力乡村振兴，他们被亲切地称作"新留守青年"。

谢瑞琳本科就读于四川大学文学与新闻学院，2019 年从复旦大学中文系硕士毕业后，成了四川省急需紧缺专业选调生。

2021 年年初，谢瑞琳成为"腾讯为村"管理员，负责账号管理、板块运营和星级任务考核。问及回乡村的原因，谢瑞琳说："原因很简单，想做一些更真实、更接地气、更有意义的工作。"[2] 而现在，"腾讯为村"想要进一步培养年轻人才，将新鲜血液引入乡村。

2021 年，腾讯宣布了公司历史上的第四次战略升级，将"可持续社会

---

[1] 徐勇. 挣脱土地束缚之后的乡村困境及应对——农村人口流动与乡村治理的一项相关性分析 [J]. 华中师范大学学报（人文社会科学版），2000（02）：5-11.

[2] 出自腾讯为村（2021-10-29）共创财富，人人为村，"守住他们内心的那一束光"——2021 年腾讯为村管理员培训交流会。

价值创新"作为整个集团的战略底座。"腾讯为村"与中国农业大学联合打造的"乡村 CEO 培养计划"正是腾讯"科技向善"的重要实践。

同时,腾讯于 2015 年创办的产业数字化创新与升级的共创学习平台"腾讯青腾"也作为特邀共创伙伴加入该计划,为乡村 CEO 学员提供课程、交流平台和支持,一起培养中国乡村大地上的创业家。

2021 年 11 月 26 日,中国农业大学与腾讯公司签订协议,启动"中国农业大学 – 腾讯为村乡村职业经理人培养计划",旨在培养懂乡村、会经营、为乡村的青年人才,弥补欠发达地区乡村人才匮乏的短板,为乡村人才振兴探索实验方案和有效发展路径。"乡村 CEO 培养计划"采取校企联动的方式,探索乡村情境下的产业经营、社会互动和价值认同的培养体系,旨在培养经营乡村、服务乡村并带领村民迈向共同富裕的人才。首批培养对象主要聚焦于 5 个方面:乡村振兴重点帮扶县的基层乡村干部、乡村创业致富带头人、返乡创业人员、乡村龙头企业和合作社中的青年管理人才、本土已经毕业的大学生。

"乡村 CEO 培养计划"采取理论和实训相结合的方式,将知识学习、技能训练、实践课堂、成果转化融为一体,打造乡村 CEO 培养的创新模式,助力乡村人才振兴。整个培养计划分为两个阶段,第一个阶段为期 9 个月。在 1 个月的集中知识学习之后,根据学员需求,中国农业大学分批次组织学员外出实训,让学员再用 2 个月时间接受乡村产业经营和管理先进理念、技能相关的系统培训。此后,将进行为期 6 个月的实地在岗锻炼:学员返回派出地村庄,以职业经理人的身份实地工作,提升学员的产业经营能力。

第二个阶段为期 12 个月。在第一个阶段的培养对象经考核结业后,腾讯将向其中的优秀学员提供 12 个月的创业基金支持,支持优秀学员在本村开展村庄经营活动，带领村民振兴家乡。在第二个阶段，腾讯公司也将同步提供持续的数字乡村技能培训等支持。

2022年1月4日，新年伊始，"中国农业大学－腾讯为村乡村职业经理人培养计划"年会暨首期开班仪式在深圳召开，50余名乡村CEO学员开启了为期9个月的学习、实训与在岗锻炼。

"乡村CEO培养计划"的导师团队由国内知名高校的优秀"三农"专家、腾讯等龙头企业的行业专家、新农人企业家，以及政、产、学、研、金、社领域专家组成，能够发挥传授前沿知识、方法及从业经验的作用。导师们懂乡村、有情怀，在乡村振兴领域具有号召力、话语权和积极的引领作用。项目负责人说，项目的志愿者企业导师招募公告发出后短短一天内就有600多名腾讯员工报名，其中不乏中高层管理者，比如腾讯研究院院长司晓、青腾教务长杨国安等，这也体现出腾讯人助力乡村振兴的热情与决心。

腾讯集团高级管理顾问、青腾教务长杨国安作为首席导师为乡村CEO们指点迷津——"在乡村振兴战略下，中国需要大量能够经营乡村资产的经营人才，需要一批高质量的职业经理人。"杨国安认为，资产的经营是传统乡村治理中比较缺乏的，恰恰又是现代企业最擅长的，企业基于自身的优势和能力为乡村振兴贡献力量，正是探索可持续社会价值创新的重要途径之一。

近两年的培养计划结束后，当地政府可以根据学员在项目中的表现，决定是否继续聘用学员担任乡村CEO，优秀学员将有机会正式以乡村CEO的职业身份带领村民共同振兴乡村。

随着"乡村CEO培养计划"的深入推进，乡村将会出现更多的了解乡村、了解互联网、懂农业生产、懂数字化运营的人才，农村"空心化"的问题也有望随着人才的回归得到一定程度的缓解。在不久的将来，也许村村都有属于自己的职业经理人。

技术是手段而非目的，如何使用技术更好地赋能乡村振兴，是一个值得长期探索的课题。如今，互联网企业发起的一系列助力乡村振兴的项目，其实是给乡村人补过去 40 多年城镇化和 20 多年数字化的课，为了让下一代乡村人不用再"补课"，更好的办法或许是从孩子开始，赋予下一代乡村人更好的教育。

第七节　未来从开课开始

2020 年 7 月的一天，湖北省恩施土家族苗族自治州龙凤镇中学（以下简称"龙凤中学"）行政楼四楼一间新装修的教室迎来了第一批"体验者"，一群初中七年级的学生正在秩序井然地排着队等着进入教室。

龙凤中学地处山区，一条蜿蜒清澈的金龙河绕流而过，学校东、北、西三面环山，向南是平坦而开阔的伍家湾。当前，龙凤中学设有 30 多个教学班，分为文理班、体育班和艺术班 3 个大类，在校学生约 2100 名。

建校五十多年来，龙凤中学几易校址，校名也几经更改。该校办学质量在当地有口皆碑，初中毕业会考合格率接近 100%、艺术生升学率超过 90%，最辉煌的是在 2005 年，该校当年在高考中，文科、理科上全国重点线人数居全市普通高中第一。

2020 年，腾讯成长守护平台"未来教室"项目在这里落地，为这所当地名校吹入了一缕新风，如图 3-2 所示。

图 3-2　未来教室

（图片来源："腾讯"官方微信公众号）

龙凤中学这间新装修的"未来教室"对孩子们来说十分新鲜，不同于其他教室千篇一律的地板砖和大白墙，这里的地面、讲台和后墙全部使用原色木板铺就，给人一种温暖之感；没有了成排的座椅、黑板和粉笔，取而代之的是白色圆桌和座椅，每张桌子上摆放着计算机，墙上挂着的液晶电视循环播放着动画，墙边放置着 VR 和 3D 打印机等设备。

龙凤中学早在 2015 年年初就完成了所有教室教学设备的电子化升级，每间教室都配有取代传统黑板的电子白板和投影仪等设备，从硬件设备上看，信息化水平已基本接近东部沿海发达地区的中学。

但是，龙凤中学的教育信息化发展状况并不能代表我国乡村教育信息化的整体发展状况。当前我国各地教育经费的投入并不均衡，特别是中部地区，教育经费投入仅为发达地区的二分之一。①

北京师范大学智慧学习研究院副院长曾海军调查发现，在推进农村地区学校信息化建设过程中，只要学校校长对此比较重视，那么这个学校的基础教育信息设施建设方面就比较好，但是设备安装完成后，无人使用和维护却成为摆在眼前的事实。②除此之外，缺少相应的教师资源和软件课程的支持，也是当下众多乡村学校在推进教育信息化过程中面临的棘手问题。

一方面，政府积极鼓励社会力量对农村教育信息化的投入。另一方面，国家提出要推动城乡教育一体化发展，加快教育现代化，推进教育公平。

回到本节开始的龙凤中学——在孩子们好奇和兴奋的低声交谈中，由腾讯成长守护平台、腾讯公益慈善基金会和壹基金共同发起的"未来教室"项目的第一堂"未来课程"开课了。

孩子们为什么需要一个"未来教室"

2018年，《这块屏幕可能改变命运》的报道开始刷屏③，利用远程直播课让教育更公平的话题一时成为科技界和教育界讨论的热点。

尤其是在新冠肺炎疫情防控期间，很多地区的线下生活不同程度地受到了暂时的影响。教育领域跑步进入网课的浪潮，更是让人们逐渐开始思考这

---

① 李华，王继平. 深度贫困地区教育信息化要解决"适应性"问题[J]. 人民教育，2020，(23)：51-54.
② 曾海军. 信息化促进农村转型与精准扶贫[N]. 中国教育报，2016-04-01（08）.
③ 由中国青年报《冰点周刊》以"教育的水平线"为题于2018年12月12日刊登。报道内容为源自贫困县、教育欠发达地区的云南禄劝第一中学在观看和学习以升学率高、教育质量高、教学方法先进著称的成都七中的网络直播课的16年时间内，7.2万名学生中有88人考上清华、北大，大多学生成功考取本科。由此引发了广泛的大众与媒体的热议，其中既有对教育信息化奇迹的赞赏，也不无质疑。

种全新教育方式的优势与不足。

自2018年起,腾讯内部就一直在思考线上与线下相结合的教育形式,究竟能为教育资源相对稀缺地区的学生和老师们带来什么。

通过前期一系列的走访调研,腾讯团队发现,虽然互联网的普及看似消弭了农村和城市地区的"数字鸿沟",但是农村和城市地区无论是在网络信息的获取和理解,还是在先进技术设备的使用等方面,都存在着无法忽视的差距。以编程、AR/VR等前沿科技为例,城市里的孩子们在周末使用AR/VR设备玩游戏、看电影、学编程的时候,农村里的孩子们,尤其是留守儿童,能够使用的也许只是一部手机。

在农村与城市孩子们之间,技术差距最终也带来了显著的机会差距和思维差距,农村地区的孩子们很少有机会去接触、学习、尝试和思考新鲜的事物,也很少有机会发掘自己的兴趣爱好。

中国自1999年正式发文推行素质教育,到现在已有二十余年,时至今日相应的改革力度仍在不断加大。乡村教育是乡村振兴战略的逻辑起点,是实现"三农"现代化的重要举措。

目前,中国仍有6亿左右的人口居住在乡村,即使在2050年实现全面现代化,城镇化率达到70%,也意味着还有4亿多的农村人口。[①]

在我们讨论庞大农村人口的孩童教育问题时,势必涉及乡村学校素质教育与改革的问题。目前对这些问题的探讨主要集中在3个方面:师资力量不足、资金及配套设备短缺,以及巨大的城市虹吸效应使得乡村教育环境日益恶化。

随着互联网教育的兴起,以在线教育为发力点的素质教育似乎迎来了发

---

① 陈文胜,李珺.全面推进乡村振兴中的乡村教育研究[J].湘潭大学学报(哲学社会科学版),2021,45(05):74-79.

展的蓝海期[①]，无论是引导学生跻身清华、北大等名校的优质网课，还是开发学生思维和动手能力的科技课程，都取得了看似不错的成绩。

然而真实情况可能更复杂。中国推行素质教育和"中小学生减负措施"20多年以来，受制于客观的教育现实，很多素质教育的成果被指标化和单一化，这样就背离了素质教育实施的初衷。拥有丰富教育资源与财政支持的城市教育尚且如此，教育条件匮乏的乡村教育就更难了。

为广大农村学生探索一条新的素质教育道路迫在眉睫，腾讯成长守护平台的"未来教室"项目也许能提供一些新的启示。

在四川一所乡镇学校里，腾讯成长守护平台总监郑中向孩子们问道：

"你们长大以后想做什么？"

孩子们的回答出奇地一致：

"想当主播、做明星。"

"做了主播，每天只需要唱唱跳跳就好了。"

"手机电脑不就是用来玩的吗？"

"我成绩差，就去拍视频，火了就能赚钱了。"

孩子们的这些回答不禁让郑中深思。包括腾讯在内的互联网公司一直在尽力去做未成年人的网络防沉迷工作，但是似乎从来没有人去教孩子们如何更好地利用信息技术。

2018年，腾讯成长守护平台在两个月的时间内调研了6个省市的15所学校，在采访了100多位教师和300多位学生后发现[②]，若要解决当务之急，

[①] 蓝海，一般是指一种没有恶性竞争、充满利润和诱惑的新兴市场。蓝海期引申为竞争和缓、发展势头良好、利于创新的阶段。

[②] 李舟.腾讯成长守护"未来教室"今日上线，一起助力孩子成长[EB].中国网科学频道，（2020-11-13）.

最有效的方式便是为经济欠发达的农村地区打造一间"未来教室",并提供全套的科技设备和配套的系统课程,使更多的孩子有机会接触和了解外面的广阔世界。

在湖北省恩施市龙凤中学落地的首间"未来教室"由腾讯公益慈善基金会牵头投资,由腾讯游戏前沿科技实验室携手国内优秀的科技教育机构威视酷、可可乐博、维示泰克等共同提供开源硬件、VR编程课程和3D打印课程内容。

"未来教室"还为孩子们提供了丰富的STEM课程,包括增强现实(AR)、虚拟现实(VR)、人机交互与眼球追踪技术、人工智能(AI)四大部分。开设这些课程的目标是希望通过课程引导孩子们对这个世界产生兴趣,在此基础之上,引导孩子们自己动手去设计和制造属于自己的产品。

"未来教室"开设科技教育课程的目的不仅仅是为农村地区的孩子们打开一扇了解世界、了解自身的窗户,希望他们能像城市里的孩子们一样在接触最前沿技术的时候思考自己未来的人生目标,还希望让更多没有定制科技教育课程的地区和学校也能共享"未来教室"的课程设计和思路,从而让更多的孩子有机会打开那扇关闭已久的窗户,去接触和了解外面的世界。

一个多方联合共建的"未来教室"

"未来教室"项目起源于腾讯的另一个项目"星星守护"。

"星星守护"是腾讯未成年人守护平台的一部分,它为教师提供了一种工具,可用来检查和管理班级中学生玩游戏的行为。为了更好地完善"星星守护"的产品体验,腾讯对一些基层教师进行了调研。

"星星守护"团队在调研过程中发现,部分农村学生由于缺乏一些必要的陪伴和引导，没有与外界正常沟通与交流的机会。特别是农村留守儿童，因父母常年在外的陪伴缺位，拥有较强的表现欲和倾诉欲。

基于"星星守护"的调研结果，"未来教室"项目试图通过学生喜闻乐见的"游戏"方式，再辅以先进的技术设备，引导学生在"游戏"中开发自己的科学思维和动手能力，尤其是在团队合作中学会与他人交流，最终获得来自自身的成就感和认同感。

"未来教室"项目与其他素质教育类"支教"项目最大的区别在于对软硬件、线上线下的整合和多方共建。

不同于市场上常见的多以软件或硬件之一为主打产品的素质教育课程，"未来教室"项目组始终认为网络技术的硬件和课程内容开发的软件是紧密相关的，也只有这样才能发挥设备和课程的最大价值。比如，整个教室的室内设计和硬件布置都是为了适应课程开发和教学目标，如支持多场景切换的桌椅模式、支持分组讨论的小组学习模式等。

"未来教室"项目从策划、立项到一系列课程和硬件落地的全过程，都是多方参与与合作的结果。

"未来教室"项目是由腾讯成长守护平台发起的科技公益项目，联合发起方包括腾讯公益慈善基金会、壹基金、腾讯游戏，参与者包括腾讯前沿科技实验室、腾讯扣叮、一些国内科技教育机构、一些国内及国际设计咨询顾问公司，以及当地教育局及学校，等等。

腾讯成长守护平台负责整体项目管理，线下"未来教室"的设计建设，线上"未来教室"的策划及设计开发，以及产出用于传播的内容等。

壹基金负责线下"未来教室"的修建。腾讯公益慈善基金会负责部分教室的捐赠和整个项目的公益顾问。腾讯游戏的四大工作室捐赠了四间教室并派出志愿者去当地开展兴趣拓展公益课程。

维示泰克、可可乐博和威视酷等第三方教育机构提供了 3D 打印、硬件编程和 VR 编程等课程的主要内容和培训师资。ATD 等先进设计咨询公司协助提供了未来教室的室内设计方案。

基于多方的共同努力,腾讯成长守护平台希望以"游戏"的方式,用那些学生看得见、摸得着的设备引导他们将注意力从虚拟的游戏世界转向现实世界,并在学生自己动手和思考的过程中,向他们展现前沿科技和客观现实之间的联系,引导他们从中逐渐发现自己的兴趣爱好,为他们的未来创造更多的可能性。

填平想象力与视野之间的落差

很多人对"未来教室"的开办有着种种质疑:就凭几次课能给孩子们带来什么实质性的影响?只要离开课堂,他们便鲜有机会接触这些东西,那这一切还有什么意义?这些课程会不会和孩子们的学校课程产生冲突,影响他们的学业和成绩?

但是比起孩子们自身所获得的多元的认知与技能,以上的这些疑问便显得无足轻重了。

"相比布满坑坑洞洞的桌面和老师袖口都是粉笔末的时代,如今孩子们上课的硬件设施算是十分完备的。虽然硬件跟了上来,但是由于恩施特殊的教育情况和地理环境,大量的留守儿童家庭和连绵大山的阻隔使得这里的孩子们的视野有所欠缺。'未来教室'的课程对于他们来说是一种全新的体验,能够鼓励他们发自内心地去了解和接触新的事物,其中产生的影响将是不可估量的。"拥有 7 年教龄的龙凤中学英语教师辛力前在接受采访时总结道。

比如，那些接触过编程、VR/AR 技术的学生，也许随着时间的流逝会逐渐忘记 7 月里某天上课的具体内容，但是他们心中实际上已经被播下希望的火种，他们知道自己还有一条可以选择的路。

除此之外，"未来教室"带给学生的不仅仅是炫酷的科技设备，授人以鱼不如授人以渔，腾讯游戏四大工作室（天美、光子、魔方、北极光）的志愿者们通过先进的技术设备和在游戏中互动的参与方式，向学生们展示了中国传统文化、艺术、社会公益等知识。

用"科技+兴趣"的方式激发学生的好奇心，为他们带来更多了解世界、认识世界的可能性。这些可能性的种子在此刻埋下，在将来的某天也许就会"破土而出"。

比如龙凤中学学生王晶鑫，她的爸爸常年在外送货，妈妈则一边打零工一边照顾王晶鑫的日常学习、起居。她对世界的大部分认知来自学校的教师和同学，以及闲暇时间看到的新闻。

王晶鑫所上的"未来教室"课程是使用编程控制小行星。在课堂上教师会一步一步向学生展示编程的步骤，学生按照教师讲述的内容使用电脑建立星球的坐标，并且使用代码控制星球的移动。

整个班的学生被分为操作组和体验组，体验组的学生在戴上 VR 眼镜后，就可以身临其境地观看和体验由他们自己设定的宇宙空间和其中星球的移动轨迹。

在教授这次课程的志愿者眼中，学生们表现得十分活泼，动手参与的热情也很高，不仅收获了很多，而且很多学生表示如果有机会，还会参加这个课程。

光子工作室前员工、"未来教室"课程志愿者岳宗元回忆起他上课时和学生们对话的点滴时说道:"我问那堂课上的3个课代表,是否能想象我们未来的教室里有树的样子。他们说为什么要有树,那样会挡光的。我说,教室只是老师传递知识的地方,它可以在任何地方,你们有没有想过在户外上课?他们说从来都没有想过。"

他最后这样总结:"这其实是一个慢慢转变的过程。哪怕只是一个火种,能看到前面可能存在的东西,他们才会有动力去慢慢地探索和努力。"

对于这些学生来说,成长之中遇到的根本的问题,其实并不是硬件和科技知识的匮乏。

"在恩施11万适龄学生当中,有65%的留守儿童。"负责教授信息技术课的张裕来老师说道。其实,绝大多数学生的父母在外地打工或上班,他们非常缺少父母的关爱和照顾。

家住湖北恩施唐家湾的肖宇新(化名)在日常学习、生活中常常一个人默默地看着手机屏幕发呆。肖宇新是由爷爷一手带大的,在他从小到大的成长过程中,始终难觅父母的踪迹。

"您平常会想孩子吗?"采访者问道。

"还好吧。"肖宇新的母亲害羞地笑了。

没有陪伴、没有鼓励、没有交流,这是大部分农村留守儿童的生活现状。

在"未来教室"的课堂上,沉默寡言、不善言辞的肖宇新被要求和组员们一起去完成设计红绿灯电路板的任务。

授课教师在一旁鼓励道:"对,因为我们的计算机只能从上往下读信息,所以它不如我们人脑聪明。"

在教师的鼓励和赞许下,随着课程的逐渐深入,原本紧张和沉默的肖宇新开始主动讲出自己的想法。

"这个颜色有些单调。"

"把这个拖到顶上比较好。"

肖宇新是众多孩子的缩影。一方面，他们沉默、内向、喜欢打游戏，另一方面，他们也渴望被注视、被鼓励、被平等地对待。长久以来，我们与孩子之间的不理解，其实只是因为缺少一起交流的契机和些许时间的陪伴。

这些很简单，但也很难。

为当地教师插上翅膀

那么，教师对待"未来教室"又有什么看法呢？

值得欣慰的是，许多教师对"未来教室"这种崭新的授课模式抱有极大的兴趣。

"您觉得这种一年只有一次，或许学生整个初中阶段也只有一次的课程，会不会就像为他们打开一扇窗，但是后来又关上了。接着他们便会陷入考试升学的压力之中。您觉得这是一件好事吗？"这是访谈中的一个问题。

"我认为这是一件好事，至少他们可以通过这扇窗看到更多的可能和未来，而这些'可能和未来'会成为他们的前进的力量，支撑他们想办法克服应试的压力。"参观"未来教室"课程的胡蝶老师面对采访时说道。

在采访过程中，许多教师都认为，"未来教室"这种崭新的课程模式可以扩宽孩子们的兴趣，帮助孩子们减轻繁重的学业压力、调节孩子们的日常学习节奏，扩展他们的思维能力。胡蝶老师则认为这类课程如果能更好地和学科目标结合，帮助孩子们更加高效地学习，那才是最好的。龙凤中学的辛力前老师也希望通过"未来教室"的促进，提高学生们的学习效率，降低他们的压力。

龙凤中学唯一一位专业教授科学技术课程的老师张裕来提到，该校校长十分重视本校的信息化建设，无论是在资源还是在师资支持上都做得十分到位，很多原本持保守态度的教师见到信息化教学的显著成果后也都纷纷积极响应。

"比如，以前语文课讲赵州桥和庐山瀑布的时候，无论教师怎么讲，学生脑海中都没有一个清晰的形象。在引入信息化后，学生们就能通过视频的方式直观地感受到教师教授的内容。而且，当信息化被引入学生成绩考核后，对学生成绩的分析和总结也变得比以前更高效了，所以教师们都很愿意尝试。"张裕来老师说道。

实际上龙凤中学已经不是第一次接待信息化建设的团队，企业帮助学校做信息化建设也不是一帆风顺的。毕竟对于那些教育资源相对缺乏的学校来说，聚集一切可利用的资源提高学生们的升学率和考试成绩才是所有教学工作的重中之重。

出乎意料的是，在学校信息化硬件配备上，国内的地区间差距并不是那么大。经过国家和社会各方面的努力，在多数人以为的落后地区，学校的多媒体教室的条件其实并不差。

落后地区学校的主要差距体现在课程、师资等软性资源不足。在恩施当地，鲜有专门从事信息化教学的教师，甚至1节课500块钱都请不到一位专门讲VR的教师。

张裕来老师在谈到"未来教室"的未来价值时说道："该项目着重培养学生们的能力固然无可厚非，但若能更好地和学科知识结合，则再好不过。

因为，至少在龙凤中学，如何提高学生的分数才是教师、家长和学生们共同关注的重点。"

在这个项目上，腾讯作为一家企业给自己定下的唯一目标是开课率。也就是说，教室建设好了，要真正的能被学生和教师用起来才有价值。

为了提高开课率，"未来教室"做了两件事情。一件是不断地扩充课程，另一件则是提供卡片式课程帮助现场教师更好地利用教室。除此之外，在每个"未来教室"落成的前半年，项目方还会提供远程的直播课程，也就是由一些专业教师同时为4个教室提供远程课程，现场教师在维护学生秩序、帮助学生进行疑难反馈的同时，也能对课程有更深入的理解。

2020年，首间试点"未来教室"在湖北恩施成功落地并开展3次试课。紧接着，位于四川雅安的第二间"未来教室"落地并开课。除此之外，还有若干"未来教室"正在建设中。2021年的9月1日，腾讯宣布"智体双百"公益计划，将以最初落地并成功开课的"未来教室"为蓝本，在未来的几年内打造100间"未来教室"和100个"快乐运动场"。

"快乐运动场"也将参照"未来教室"的模式，除了提供硬件，每年每校还会提供至少100课时的专业体育训练，为当地教师提供专业培训服务，为学生组织丰富的赛事活动。

正如本书反复提到的那样，孩子们缺少的并不是最前沿的科学知识，而是父母的关怀和陪伴。有的时候，技术固然可以帮助我们解决生活中很多复杂与烦恼的事情，但是生活终归还是要回到人的身上。再先进的技术也永远替代不了父母在孩子成长路上的陪伴和鼓励。

其实，孩子们需要的并不是多么酷炫的教学科技设备，他们一直在寻找一种叫作"存在感"的东西。

如果这些孩子们的父母能抽出一个宝贵的周末和孩子们一起玩耍和交谈，认认真真地问一句"你将来想要干什么"，也许就能让孩子们在走向未来的道路上更加自信。

这样看来，"未来教室"设立的终极目标是给父母们提供一个机会，一个走近孩子们的机会，一个和他们平等交流、用孩子们感兴趣的方式互动的机会。

第四章
打开黑箱，人与系统的战争

作为一种新的技术形态，算法以前所未有的强大能力渗入人类生产生活的诸多活动中，就好像是一列急速奔驰的火车，将人类社会带入新的历史阶段——算法时代。但是作为乘客的我们，在享受速度与红利的闲暇之余，也不免会产生一些忧虑与困惑：算法会超脱控制并将我们扔下吗？算法究竟会把我们带向何方？一系列关于算法的现实问题——谬误、歧视、偏见、信息茧房——似乎也在巩固人们对算法"脱轨"的恐惧。

恐惧往往源于未知。很大程度上，人们对于算法或所谓"系统"的恐惧，正是因为其运作机制的不透明性，导致它成为黑箱一样的存在。使用者无法了解算法的机制，在算法出现问题后，就连制造者自身也难以解释或者溯源。算法的列车依旧快速行驶，事实是没有人能够阻止。为了控制它的行进方向，也为了人类的自身命运，打开黑箱已经成为我们人类不得不直面的迫切问题。

第一节　系统的隐喻

63 岁的亚马逊代理司机斯蒂芬·诺曼丁（Stephen Normandin）被解雇了。这个世界上，"解雇"每分每秒都在发生，如果这是一起正常的解雇事件，那根本不值得我们关注。但是这起解雇事件的特殊性在于，使诺曼丁离开工作岗位的，根本就不是一个"人"，而是算法。

诺曼丁服务于亚马逊公司，在美国凤凰城开车送货已经有4年多的时间。在此期间，他工作努力，态度积极。从系统得分的维度看，他的评分一直高于正常值。

但是2020年8月以来，诺曼丁遭遇了数起运送延迟的事件。尽管许多事件是由于系统派送指令与现实情况有出入所致，也有些事件是由于公寓楼上锁导致送货不能按时完成等特殊情况所致，但是系统仍然惩罚了诺曼丁，致使他的评分迅速下降。

直到2020年10月的一天，诺曼丁收到了一封自动发送的邮件。邮件显示，追踪工作情况的算法认定诺曼丁多次没能正确完成快递配送工作，个人评分低于规定分数，因此决定将他解雇。

面对冷冰冰的公式化邮件，诺曼丁十分不忿，因为他一直以来都卖力工作。但是对于系统的裁决，即便是他的直属上级也无能为力。因此，诺曼丁开始了漫长的申诉，但收到的都是系统自动回复的邮件。直到最后，他也只是在跟亚马逊的机器人打交道。

最终，一封署名为SYAM的自动回复邮件像一个机械的审判者一样，宣告了他的离开。

诺曼丁的遭遇只是亚马逊庞大的监工系统与成千上万工作者冲突的缩影。长期以来，亚马逊的系统都可以直接在线生成解雇员工的命令，并且不需要经过主管人员的同意。无数像诺曼丁这样的普通员工，一旦被系统认定不符合要求，就会被开除。

迫于人工智能（AI）监工的威严，员工就连上卫生间的权利也已经失去保障。英国劳工保护组织做过调查，当地亚马逊仓库74%的工作人员不敢在工作时间上卫生间。2021年8月，一位名叫玛丽亚·艾丽斯·珍妮特·奥利韦罗（Maria Iris Jennitte Olivero）的女士将亚马逊告上法庭，她患有肠易激综合征，因为被系统监测到上卫生间次数过多，被亚马逊解雇。无独有偶，2019年2月，肯塔基州一位患有慢性膀胱炎的员工对亚马逊发起诉讼，认为后者克扣了他正常的如厕时间，索赔300万美元。

作为一家拥有1.7万亿美元市值的巨型公司，亚马逊在全球的员工数量已经超过110万，面对这样一个庞大的数字，通过算法构建人力资源管理系统，几乎是亚马逊必然的选择。

这里所说的"系统"，是指一套用于解决特定问题的算法集合。多年以来，亚马逊越来越多地将算法应用于人力资源管理中，其管理对象不仅仅包括斯蒂芬·诺曼丁这样的亚马逊仓库雇员，还包括办公室的正式员工。除此之外，亚马逊也将这套算法运用于管理其在线市场上的第三方商家与合作伙伴。

这套AI监工系统在2019年大规模投入使用。据称，它能够追踪物流仓储部门每位员工的工作效率，并统计他们在工作时间内的"脱岗时间"（Time Off Task）。此前，美国科技媒体The Verge公开了一份亚马逊内部文件，文件显示，亚马逊的AI监工系统能够实现深度自动化的跟踪过程，如果员工的工作进展变慢，或者长时间未接触包裹，系统就会将这些情况统计到"脱岗时间"内。

在没有人为干预的情况下，系统能够根据实时数据自动生成"警告"和"终止"工作的解雇指令，直接绕开主管开除员工。这份内部文件显示，自应用以来，约有900名员工因工作效率低而被该系统解雇。

这套系统具有高效、自动化的特点，能极大优化人力资源管理流程。对于亚马逊来说，利用算法提高管理效率所节省的成本，远高于几个普通员工创造的价值。因此，尽管 AI 监工系统频频出现"误伤""误判"事件，但亚马逊也不会让其停止运作。

员工深深地恐惧这套系统无处不在、时时刻刻的监视目光，以及不知何时就可能从天而降的系统解雇通知。系统将普通员工与管理人员区隔开来，分别对他们执行直接打分、布置任务与下达指令的命令。对于这些普通员工来说，他们更像是在为冷冰冰的算法系统工作，而不是为一家真实存在的公司工作。

尽管亚马逊表示主管人员有权推翻系统决策的权力，但是问题在于，这些主管人员可能根本看不到被开除的普通员工的诉求。

放眼全球，最大限度利用算法系统提升管理效率，已经不仅是亚马逊一家公司采取的方案。统计机构 Gartner 在 2018 年的一项调查研究发现，全球各行各业的组织中有 22% 会记录员工的活动数据，17% 会监控员工工作电脑的使用数据，16% 会使用员工邮件或日程数据。

在中国，狂飙突进的算法成为外卖与打车平台进行业务调度的核心支柱。我们在读完这句话的短短 2 秒钟时间里，就有成千上万的外卖员与司机在系统的调度下驰骋在街头巷尾。算法驱动着他们，也成为他们的监工。

所以，如果结合当下社会现实来审视这起看似简单的"解雇"，我们就会发现，这不仅仅是一起孤立的事件，更像是当下时代语境的一种隐喻：

系统正在全面接管人类社会。

而算法也在逐渐脱离技术的工具化本质，翻身成为人类的管理者。

第二节　黑箱是无解的问题吗

算法不仅仅在许多社会领域取代人，也在管理人类。这已经成为人皆可见的现实。

在组织结构或行业性的决策中，算法的作用越来越显著。比如，银行在对企业或个人放贷进行信用和风险评估时，会重点参照算法分析的结果；企业在进行员工招聘时，也越来越依赖算法的判断。在法律判决领域，算法也在尝试直接参与决策或进行局部裁判，如进行再犯风险评估、合理量刑测算等。

对于个人的日常生活而言，算法的作用同样也越来越明显。在交通路线的选择上，人们使用导航软件导航，就是在依赖算法进行路线的选择与判断；人们乘坐的无人驾驶车辆，其核心支撑更是取决于算法的判断；在内容平台上，算法推荐正在取代以往的人工编辑，构造着我们的信息来源。

一个不容忽视的趋势是，尽管算法系统受到如此多的质疑，但是它还是一往无前地融入人们的生产与生活之中。其前提就在于算法自身强大的优势与特性契合了现代社会对效率的追求，并越来越成为生产决策和生活决策的最优解。

算法能够解决海量节点（人或信息）之间的供需调配问题。对于用户来说，他们能够借助算法迅速发现符合自身需求的信息或产品；对于提供商来说，他们能够借助算法为自家内容或产品找到合适用户；对于系统的管理者来说，他们能够通过算法将过往不可见的运作网络"可视化"，从而管理节点间的流动与连接，并随时显现节点的运作情况与数据流向，以进行持续监控。

在移动互联网时代，平台的一大特色就是连接多方主体，而算法则显著提高了这种连接的效率。

在认识到算法的不可或缺性之后,我们需要找到一系列问题的核心:为什么我们对算法有这么多的指责、批评与不信任?或者说,当我们忧虑于算法对人类的管理、对不同领域的渗透时,我们到底在忧虑什么?为什么许多算法设计者的初衷并非出于负面的考虑,但是算法系统在实际运行中却走向了与设计初衷不同的方向?为什么在明晰了算法的局限与负面后果之后,我们却依然无能为力?

这一系列疑问,都指向了一个关键核心:算法黑箱。

什么是"黑箱"?黑箱,即对特定系统开展研究时,只从"输入内容-输出内容"的特点了解该系统而不从系统内部结构了解该系统的系统或设备。这正是算法的特性和局限。长期以来,人类与算法的合作模式就是,我们提供训练数据集和算法架构,由算法输出最终的结果。但是中间涉及的计算过程如何?结果如何得出?我们对此往往一无所知,只能被动接受。

许许多多模糊的地带使得算法成为横亘在我们面前的巨大黑箱。而黑箱的存在致使人类对算法的能力并不是完全信服。特别是当它成为人的管理者时,管理标准何在?规则是什么?在人们以合理的方式认真完成工作之后,为什么只能得到系统的低评分?人们对平台上某个主题的内容并不感兴趣,为什么算法还要频繁推送?

从延伸的角度来讲,"黑箱"分为两个层次:算法本身的黑箱性、算法系统规则的黑箱性。

算法本身的黑箱性,是指由于机器学习、深度学习等算法模型过于复杂,人们无法了解算法的运作原理与决策机制。

算法系统规则的黑箱性,是指算法系统的背后是人,算法系统的设计规则掌握在平台的手中。显然,平台往往会按照效率最大化和成本控制的原则来设计算法。这些规则融于系统的运作之中，但是系统的使用者却无从得知。

2020年9月，引发社会众议的报道《外卖骑手，困在系统里》就讨论了系统规则的问题。美团的外卖配送系统可以实现"万单对万人的秒级求解"，在接收到配送需求后，系统能够迅速规划出最优配送方案。

对于顾客来说，算法的存在能够保障他们在最短时间内拿到外卖。但是对于骑手来说，"最优配送方案"意味着不断提高的时间压力和劳动强度。关键问题在于系统规则的模糊性。比如在线路设定方面，一条3千米的路，有人要走30分钟，有人要走20分钟，究竟按照什么标准来计算时间？顾客有时候也会对这个系统产生疑惑，为什么有的订单显示商家在距离自己特别近的位置，而配送时间却比往常多得多？

有的规则，即便是平台管理者也无法解释。《外卖骑手，困在系统里》一文就提到，外卖配送系统有时候会做出许多匪夷所思的路线规划，比如让骑手穿墙而过，或者直闯一个不允许通行的入口。更常见的问题是，系统会让骑手在很短的时间内完成一段长距离配送，而这几乎不可能实现。这些决策的原理是什么？即便是平台设计者也无从知晓，原因就在于算法系统规则的黑箱性。

第三节　打开黑箱的尝试

配送系统只是算法进行生产活动规划的一个侧面。在更多领域，算法越来越多地深入到核心机制层与决策层。

但是，抽象的数据符号与现实环境的情况始终无法完全一一对应，从而闹出许多算法"乌龙"事件。比如亚马逊算法系统解雇员工、谷歌搜索算法将非裔人士识别为大猩猩、图像处理软件将奥巴马的照片处理成"白人"特征的照片……这些意外事件，虽然无伤大雅，很快就沦为笑谈，但是也与人类利益、生命财产安全或个体尊严紧密相关。

问题是，面对这一系列意外事件，当我们试图去研究、溯源并且加以解决时，都会与厚厚的黑箱壁垒发生碰撞。对于一个无法完全看懂的事物，我们必然无法放心地将一切事务委托于它。2018 年，AI Now Institute 机构发布的一份报告《AI NOW Report 2018》就建议称，负责司法、医疗保健、社会福利及教育的公共机构应避免使用算法技术。显然，算法黑箱已经成为阻碍算法被社会认可的关键性因素。

为了使算法更可信，并减少它带来的可能性风险，一个清晰的方向自然而然地浮现了：打开黑箱。

打开黑箱、去黑箱化、算法透明、算法可解释……这一系列与算法相关的议题，已经是人工智能研究领域的共识和重要议题。经过长时间自下而上的推动，它们也成为政府与监管层面越来越关心的领域。

自 2016 年起，世界各国政府及各类非官方社会组织开始呼吁加强人工智能的可解释性。比如，美国电气与电子工程师学会（IEEE）在 2016 年和 2017 年连续推出《人工智能设计的伦理准则》白皮书第一版和第二版，其中多个部分提出了对人工智能和自动化系统应有解释能力的要求。

美国计算机协会公共政策委员会在 2017 年年初发布了《关于算法透明性和可问责性声明》，该声明提出了七项基本原则，其中一项即"解释"，即鼓励使用算法系统决策的组织和机构对算法的过程和特定的决策提供解释。

2018 年 5 月 25 日，欧盟正式实施《通用数据保护条例》（GDPR），该条例正式确立了算法解释权。2019 年，欧盟出台《人工智能道德准则》，明确提出人工智能的发展方向应该是"可信 AI"（Trust Worthy AI），包含安全（Security）、隐私（Privacy）、透明（Transparency）、可解释（Explainable）等方面的要求。

2021年11月，针对人工智能在工作场所中的不合理应用导致的员工身心健康问题，英国政府着手推动《算法问责法案》（AAA），要求所有企业和政府部门披露"算法影响评估"的细节，该法案力求从机制化的层面使算法应用更加公平透明。

在我国，政府对算法透明与可解释的议题越来越重视。2021年9月29日，国家互联网信息办公室等九部委联合印发了一则关于算法治理的指导意见，即《关于加强互联网信息服务算法综合治理的指导意见》（以下简称《意见》）。

《意见》中指出："近年来，互联网信息服务算法（以下简称"算法"）在加速互联网信息传播、繁荣数字经济、促进社会发展等方面发挥了重要作用。与此同时，算法的不合理应用也影响了正常的传播秩序、市场秩序和社会秩序，给维护意识形态安全、社会公平公正和网民合法权益带来挑战。"

《意见》明确提出了算法治理的主要目标："利用三年左右时间，逐步建立治理机制健全、监管体系完善、算法生态规范的算法安全综合治理格局。""公开""透明""解释"成为算法规范中反复出现的关键词。比如，"坚持权益保障引导算法应用公平公正、透明可释，充分保障网民合法权益""算法导向正确、正能量充沛，算法应用公平公正、公开透明，算法发展安全可控、自主创新，有效防范算法滥用带来的风险隐患。"

在"促进算法生态规范发展"部分，《意见》提及了关于推进算法透明的具体规范："推动算法公开透明。规范企业算法应用行为，保护网民合理权益，秉持公平、公正原则，促进算法公开透明。督促企业及时、合理、有效地公开算法基本原理、优化目标、决策标准等信息，做好算法结果解释，畅通投诉通道，消除社会疑虑，推动算法健康发展。"

在这一系列政策指令出台前后，国内外许多科技公司已经取得了相当多的进展。在 2020 年前后，谷歌、微软、IBM 等公司陆续推出了算法可解释的相关技术与工具，并逐渐形成算法可解释的产品化、机制化的趋势。根据前述的分类框架，这些努力集中在算法可解释本身，意在攻克算法本身的黑箱性。我国科技企业的努力则集中在公开系统运作规则上，试图打破系统规则的黑箱性。

所以本章不使用"人与算法的战争"这样的表述，而是提出了"人与系统的战争"的概念，以此来说明国内外科技公司所做的努力。"算法"与"系统"不是一个概念，尽管从技术层面出发，"算法"可能是系统运行的重要组织者，但"系统"的涵盖范围显然要比算法更为复杂和庞大。

如果说算法层面的可解释更多是依赖于技术工具探寻算法的特征、规则与局限，那么系统层面的可解释则是算法及算法之外的规则的透明与公开化。或许用这样的类比来形容二者的差别更为贴切：算法可解释促成的是"算法"与"人"的沟通，而系统可解释的本质则是"人"与"人"的沟通。

总而言之，一场可解释的战争正在打响。各类科技公司或快或慢、或早或晚，都会对系统黑箱宣战。

那么，这些努力的实际效果如何？具体是如何展开的？中国与外国的不同路径有何区别，各自有何特征及局限？这些是本章将要关注的问题。

第四节　美团：敞开外卖配送系统

在围绕算法系统的一系列质疑与批判中，美团始终处在风暴的中心。

美团外卖的模式之所以能够历久弥新，本身就依赖于算法技术的进步。

商家、用户与外卖骑手等各类庞大群体相互关联，如果没有算法来处理他们纷繁复杂的不同需求，美团外卖不可能稳定运营下去。

在平台经济、零工经济、分享经济的新经济形态背景下，算法对连接效率的提升，所诞生的产物就是新就业形态。灵活性是其最重要的特点，也是其与传统劳动关系最大的区别。

这种灵活性建立在平台与劳动者不存在强绑定关系的基础之上，平台不再对劳动者进行强管理，而是依靠算法系统对其实行更精细化的管理手段，从而实现对劳动者的高度控制和精准预测，由此产生"四两拨千斤"的效果。一个系统要能够管理成千上万的劳动者，那么他们的行动规划、行为预测、工作评价、收入分配都需要维系在这套系统之中。

但是这样的系统难免出现问题。中国人民大学教授彭兰在论文中提到，算法终归是一种认知模型，是对现实世界的一种抽象和简化。[①]很多时候，算法只是反映了典型的对象，而不是事物的全部。当抽象性的算法碰上多样化的真实世界，并非所有领域都能通过数据来描绘和计算。

《外卖骑手，困在系统里》就对美团外卖配送系统的问题展开了批评。横亘在一系列质疑与批判之间的正是那个巨大的"系统"。在这座屏障面前，似乎一切解释都是无力的。

公开送达时间与订单分配算法

面对种种压力，美团最终做出了自己的回应。

2021年9月10日，美团通过官方微信公众号发文公布了外卖配送系

[①] 彭兰. 算法社会的"囚徒"风险 [J]. 全球传媒学刊，2021，8（1）：16.

统中的订单分配算法运行逻辑及原则,如图 4-1 所示。这一举动可以视为美团将其算法系统向公众敞开,以更为透明的方式运作一款如此重要的社会性产品。

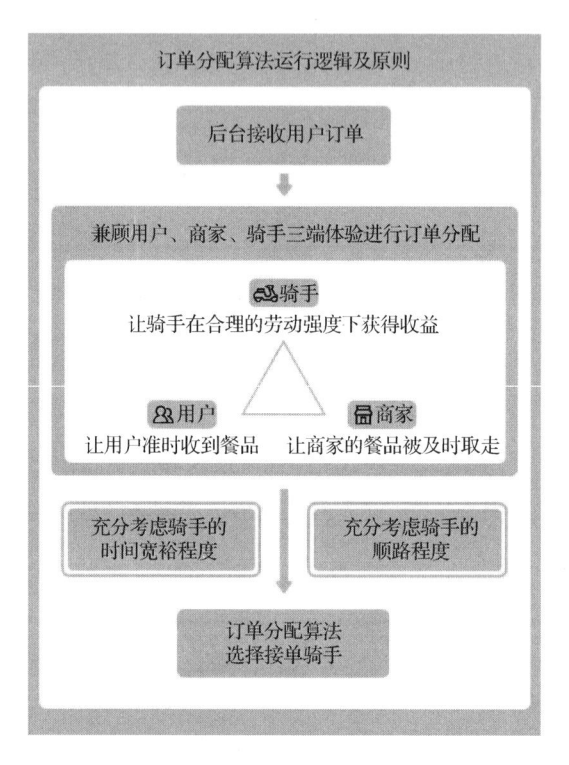

图 4-1 订单分配算法运行逻辑及原则

(来源:美团官方声明)

美团的订单分配算法

自从外卖成为人类生活方式中的重要一环,人们对外卖的依赖性逐渐提高,相应地对外卖工作人员的要求也提高了。

项飙曾经在视频访谈节目《十三邀》中谈及这个现象:人们的时间感被

扭曲了，对等待外卖的 5 分钟时间都非常不耐烦。这种"急不可耐"对于顾客来说，意味着体验感下降；对于外卖平台来说，意味着有不得不弃用相关服务的风险，这种风险倒逼着外卖平台不断提高配送效率。落实到每个骑手身上，就是越来越短的配送时限。

为了在规定时间内将外卖送到顾客手中，外卖骑手往往数单并送，但即使这样，时间仍然不够，于是他们就会在配送途中节省时间：提高驾驶速度，甚至闯红灯。这意味着骑手群体往往容易违反交通规则，产生交通违法行为。据统计，仅 2020 年 8 月，深圳全市就查处快递、外卖送餐行业交通违法案例 1.2 万宗，占非机动车违法案例总数的 10% 以上。

新华社的一篇评论文章指出，"赶时间"是外卖行业事故频发的核心原因，而平台压缩时间的主要依据是建立在大数据和人工智能基础之上的算法系统。

一方面，外卖平台以"按单计价"激励外卖骑手尽可能多地接单送单；另一方面，平台通过准时率、差评率、因配送原因取消的单量等考核指标严格约束骑手。准时率的降低，意味着外卖骑手在平台的算法中失去了"接单优势"，也会在内部排名中降低名次，无缘各类奖励。

外卖配送系统到底是不是"唯快不破"？实际上，外卖平台对骑手配送时限的要求的确存在，但是与我们想象中的可能不太一样。

一般来说，我们会认为外卖配送系统的运作模式是这样的：在接到用户的外卖订单之后，系统会基于订单详情、区域供需等信息，通过算法模型计算出一个最短的配送时间给骑手，骑手需要在规定时间内完成配送。但是根据美团公开的算法，真实情况的细节同上述猜测有所出入，最重要的一个区别就是，系统不会只测算出一个时间。

2021年9月10日，美团公布了订单分配算法运行逻辑及原则，解释了配送时间的评估算法。事实上，美团对骑手的配送时间并非只有"尽可能快"这一种标准，而是会有4种评估算法，包括"历史数据模型估算时间""城市通行状态特性下估算时间""出餐、到店、取餐等配送各场景累加估算时间"和"配送距离估算时间"。

系统派发给骑手的配送时限，就是基于这4个时间的综合评定。也就是说，美团的配送算法测算出的"预估到达时间"其实并不是一个时间，或者说并不是模型基于计算给出的一个时间，而是4个时间的综合——模型预估时间和三层保护时间，如图4-2所示。系统会从4个时间的计算结果里选择一个最长的时间派发给骑手。

模型预估时间	基于订单详情、区域供需等信息通过机器学习模型得出的预估到达时间。	为给骑手更宽裕的送餐时间，算法会选择四者中最长的时间作为订单页面显示的的"预估到达时间"。
三层保护时间	城市特性保护时间	
	分段保护时间	
	分距离保护时间	

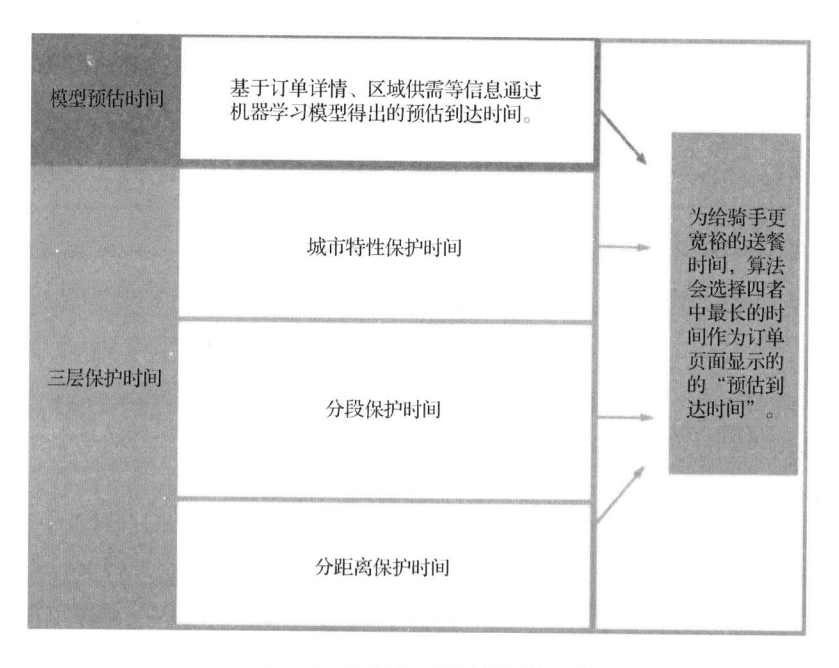

图 4-2 美团外卖订单时间估算模型

（来源：美团官方声明）

比如，某订单的模型预估时间是45分钟，三层保护时间分别为40分钟、

50分钟和42分钟，那么骑手的最终预估到达时间就是50分钟。而顾客在订单页面看到的"预估到达时间"就是算法选定的最长时间。

三层保护时间是基于不同的测算方法得出的。其中，"城市特性保护时间"是根据不同城市地理及通行特性（配送难度、防疫要求等）设定的保护时间。"分段保护时间"是根据配送过程分段设定的保护时间，即商家出餐、骑手到店、骑手骑行、用户小区交付几段时间的累加。"分距离保护时间"是根据不同配送距离设定的保护时间。

这样的设置就是为了避免算法模型预估的时间与现实情况冲突。比如，城市交通阻塞或者商家出餐过慢等特殊情况会使骑手的配送压力增加，所以美团才从城市特性、配送过程分段累加和距离3个维度，额外测算出了3个时间。

在将算法公开的同时，美团也一并公布了正在推行的针对配送算法系统的两项调整：一是在异常场景下为骑手提供时间补充，二是在部分情况下，将"预估到达时间"调整为"预估到达时间段"。这两项调整，通过人工干预的手段对骑手的配送进行了时间补充，避免特殊问题及困难场景的出现给骑手带来配送压力。

但是，类似举措肯定不可避免地导致配送时间的延长。这样的变动会得到用户的理解吗？对此，美团在声明中公布了一项调研结果。在长沙、苏州、杭州等试点城市向406 183位用户发放调研问卷，得到的结果比预想中的要好：约65%的用户表示愿意尝试"时间段"的方式。从试点结果来看，用户差评率不升反降，降低了50.7%。

在配送时间算法之外，订单分配也是很多用户与骑手关注的一个问题，很多人会产生这样的疑问："骑手是如何接单的？""为什么这一单会选择这个骑手而不是另一个骑手"？

美团的外卖配送系统每天都会接收大量订单。1个订单往往意味着来自用户、商家、骑手3方的需求。系统需要保证骑手在合理的劳动强度下获得收益，保证用户准时收到餐品，保证商家的餐品被及时取走，因此订单分配就是很关键的一环。同时兼顾这3单的体验，也是订单分配算法的出发点。

根据美团的公开信息，订单分配算法的运作模式是这样的：后台接收用户订单之后，会综合骑手的时间宽裕程度和顺路程度两个标准，再将订单派发给合适的骑手。

订单分配算法是如何判断一个骑手的时间宽裕程度和顺路程度的呢？

后台接到一个新订单时，订单分配算法会基于骑手的当前位置和已有订单量，预估骑手如果接了该订单需要的配送时间，以及评判新接订单是否会对现有订单产生超时影响。在预估时间时，订单分配算法也会为骑手留出一定的富余时间。在对配送范围内所有骑手的送餐情况进行分析后，订单分配算法会将订单分配给时间充裕的骑手。

算法透明，一个长期的命题

在美团公开配送时间算法和订单分配算法之前，已经有多个相关部门密集发声，要求优化算法规则，保障外卖送餐员（骑手）等劳动者的权益。

2021年7月26日，市场监管总局、国家网信办、国家发展改革委、公安部、人力资源和社会保障部、商务部、中华全国总工会联合印发《关于落实网络餐饮平台责任 切实维护外卖送餐员权益的指导意见》（以下简称《意见》），对保障外卖送餐员正当权益提出全方位要求。《意见》指出，网络餐饮平台及第三方合作单位要合理设定对外卖送餐员的绩效考核制度，优化算法规则，"不得将'最严算法'作为考核要求，通过'算法取中'等方式，合理确定订单数量、准时率、在线率等考核要素，适当放宽配送时限"。

2021年8月18日，在国务院政策例行吹风会上，市场监管总局网络交易监督管理司司长庞锦表示，平台应当主动承担起劳动者权益保障方面的责任，适当放宽配送时限，不得通过算法等手段侵害劳动者的正当权益。

大多数被算法组织起来的外卖骑手们实际上并不了解算法，只能先通过经验来摸索算法的趋势和"喜好"，然后形成自身的工作模式。而在算法被公开之后，骑手们能够有机会了解算法的运作规则，减少对系统的误解，自然也会对工作有着更深的认同感。

对于外界而言，美团的外卖配送系统以前就是一个黑箱，对于其运作规则，人们也是以猜测为主。美团公开两种算法之后，无疑会澄清一些误解。比如配送时间算法，我们一般会默认外卖配送系统取最近的距离、最快的速度，给骑手设定一个极限的配送时间标准。但是实际情况与许多人的常规认知并不相同，外卖配送系统其实没有想象中的那么不近人情，相反还充分考虑到了骑手在实际配送环节中可能存在的许许多多不确定性因素。

对于整个社会和其他企业而言，美团公开两种算法，对社会各界推动算法透明与优化算法带来了一定的积极意义。作为外卖行业的代表性企业，美团的行为能够发挥带头作用。如果整个市场的行动者都能够通过这样的方式进行算法公开，无疑能够帮助市场与行业实现优化发展。

美团自身也能够从"打开系统"的尝试中获益良多。随着算法的公开，一方面，以往谜一样的系统逐渐向社会公众敞开，其中存在的问题也将会被政府、学界等不同领域的不同主体发现，他们能够帮助美团更好地优化、改善算法系统，从而实现各方利益与诉求的均衡。

另一方面，这种算法公开实践本身就是一种与社会和公众进行沟通的尝试。许多人会看到，美团的算法并不像很多人质疑的那样"刻意作恶"、唯效率论，而是始终在进行人性化的调适与改善。正如美团在声明中所说，"算法是一个技术，它的背后是人，它的目的也是更好地为人服务"。

不过，实事求是地说，美团的算法公开虽然有诸多积极意义，却仍然有许多值得商榷的空间。主要问题在于，以外卖配送平台为代表的系统毕竟是复杂的，涉及的脉络与分支成千上万，并且包含许多在突发情况下进行临时反应的机制。类似于美团在规则层面的公开行为，除了系统完整性尚需考虑，这样的公开显然也无法还原一个即时的、动态的场景。

换句话说，算法系统的主要运作机制其实体现在细节之上，而美团公开的是框架性的规则。算法运作过程中的实际细节如何，美团并没有进行公开。比如在预估骑手时间宽裕程度时，采样的数据集是如何得出的？不同配送时间结果是如何计算、生成的？这些细节都未完全公开。规则层面的透明化，或者说以一种普通人能够理解的语言"打开系统"，或许能够让公众理解到美团的初衷是善意的，但是这样显然还不够。

"这只是整个配送算法中的策略部分，美团只是公开了从哪些维度对配送时间进行计算，具体的细节并没有公开，况且这个策略也没有什么特殊性，产品设计的时候考虑这些因素是再正常不过的了。"广州某人工智能企业算法工程师在接受"21世纪经济报道"记者采访时指出，"这篇文章（指公开的声明）更多不是在公开技术，而是在解释自己没有压榨外卖员，说到底就是一种姿态的表达。"

另外，美团在配送时间上采用的时间保护机制意味着配送时间不断层层加码。对于消费者来说，面对着从半个小时逐渐延长到一个小时的配送时间，尤其是在节假日和外卖高峰时期，他们是否真的有足够的耐心等待？这显然是一个值得考虑的现实问题。如果有外卖配送平台破局者选择在骑手配送时间上做出极大的压缩，就会给美团这样的企业造成打击。

如何在商业利益、算法优化与效率提升之间做出平衡，是美团等企业在走向更大规模过程中必修的一门课。当然，只有整个行业都形成一个良好的整体氛围，才能为追求"科技向善"的公司创造更大的空间。

正如美团在声明中所说，关于算法的问题，"是一个长期命题，这个命题不容易，但是我们正在努力为之探索，因为它是我们生存的基础。"

第五节　微博：公布热搜算法

除了美团，在 2021 年下半年，另一家中国公司加入了"系统可解释"的行动队列。与美团不同，这家公司属于社交媒体及社交资讯领域。2021 年 8 月，微博官方通过官方账号"微博管理员"公布了微博热搜的产品规则和算法机制。

热搜算法是怎样构成的

根据微博的介绍，热搜数据的逻辑是根据用户的真实行为计算得来的。微博平台实时关注平台内正在受到用户广泛关注的热点内容，并据此形成热搜榜单。榜单的排序代表着话题的受关注程度，排名越靠前，意味着在同一时间段内该话题越受关注。但是受关注程度又是如何被量化的呢？

此次公开的就是微博热搜的热度计算公式：（搜索热度＋讨论热度＋传

播热度）× 互动率。微博平台每分钟计算一次话题及热度，取前 50 名话题进行展示。

事实上，这并不是微博首次公开热搜算法。从时间线来看，在这款国民级产品的"门面担当"的发展历史中，其算法经历了两次升级、三种面貌。而每次算法升级和新功能发布都伴随着规则或算法的公开说明。

2014 年，热搜功能在微博手机端上线，计算方式以"搜索量"为基础，每 10 分钟更新一次榜单。

2018 年 3 月，热搜算法迎来了第一次大的升级。在原有"搜索热度"的基础上，将热点的讨论、传播和互动数据一并纳入计算。此时，微博热搜的计算公式优化为：（搜索热度 + 传播热度）× 话题因子 × 互动因子。

得益于新的评价维度的引入，算法的升级使得热搜的抓取和排序更加客观准确。根据微博热搜团队的介绍，热搜的几次算法升级代表着团队对热点认知不断进化的进程。上线之初，热搜主要依靠搜索数据进行排序，问题在于，并非所有的热点都能够通过搜索特征来挖掘和呈现。而后续的升级，通过在算法上扩充讨论、传播、互动热度的计算，能够更准确地覆盖微博中热议的内容。

但是对于这样的升级，也有不同的观点存在。比如，郑州大学新闻与传播学院讲师王茜就指出，搜索量具有隐蔽性，因此往往更加真实，但是"转评赞"等维度的数据常常含有表演的成分，这就意味着它更容易被操纵。

2021 年 8 月的声明可以视为热搜算法的第三次升级与公开。这次算法升级新添了"讨论热度"数据维度，并且去掉了"话题因子"这一看起来更加主观化的标准。这样的调整正是为了更全面真实地计算热点的完整热度。

此次声明的背景与前几次有类似之处，也存在着一些不同。根据微博的声明，自2021年以来，关于热搜的揣测和谣言甚嚣尘上，社会各界对热搜给予了更多的关注。正因如此，微博发布公告，公开了微博热搜的产品规则和算法机制。由此可见，此次声明主要因为有外部压力的触发。

在讨论此次声明之前，我们先来思考一个问题：微博热搜到底面临着哪些质疑？

微博的出发点

微博热搜面临的最大的质疑，就是榜单的客观性。具体而言，是"买热搜"的问题。

"买热搜"是指想要让自己的话题登上热搜榜单的主体，通过向第三方机构付费，利用刷数据的方式使话题登上热搜榜，以此实现加强事件曝光或营销的目的。过去几年，质疑部分话题买热搜的声音频频出现。而类似质疑反映了微博作为一款国民级产品的社会影响力和受关注程度。

热搜通过对搜索词进行数据化、自动化、程序化的处理，以排行榜的方式供用户浏览和点击。在这个过程中，复杂的现实世界被转化为井然有序的信息条目。算法通过对信息条目进行收纳、过滤和排名，决定哪些话题可以成为公众关注的焦点，哪些话题会被淹没在信息的汪洋大海之中。

可以说，热搜是微博平台流量流向的一种展示。由于微博已经成为社会资讯的聚集地之一，微博热搜则在相当程度上反映了当下每分每秒中国人最关心的话题。

用郑州大学新闻与传播学院讲师王茜的话来讲，热搜满足的是用户渴望获取新闻的"社会知觉"："在信息快速、大量流动的当下，以微博热搜为代表的热搜榜单对最近被热议的话题和新近发生的大事进行呈现，对网络舆论的引导起到一定的指向标的作用，也会对公众的价值判断和审美导向有很大的影响。"[1]

此前也有报道指出，热搜已经成为高校学生获取新闻资讯的主要渠道。其实不仅仅是高校学生，在信息快速流动的当下，热搜也已经成为公众判断某个事件、现象、人物的社会关注度的重要依据。

正是因为微博热搜的地位如此重要，所以"买热搜""刷热搜"这样的数据造假行为就显得不能容忍，这也是用户和监管方对其十分重视的原因，同时也是微博频频治理此类行为的出发点。

2020年3月1日开始施行的《网络信息内容生态治理规定》将"热搜"列为重点对象。文件中的第十一条鼓励网络信息内容服务平台坚持主流价值导向，优化信息推荐机制，加强版面页面生态管理。

热搜机制透明化

在这个时间节点上，面对质疑，微博于2021年8月选择公开微博热搜的产品规则和算法机制，显然是一种姿态的展示。

根据微博的公开信息，微博热搜算法主要参考搜索热度、讨论热度、传播热度、互动率几项热度指标。

这些热度指标，虽然都是反映话题传播热度的因素，但是又各自指向不同的方向。具体而言，"搜索热度"是基于搜索行为建立的热度模型，反映用户对热点的关注和探索程度；"讨论热度"是基于原创和转发的发博行为建立的热度模型，反映用户参与讨论的热情；"传播热度"则是基于热搜结

---

[1] 王茜.批判算法视角下的热搜研究[J] 国际新闻界，2020（2）.

果的关联微博在全站的阅读量建立的热度模型,反映热点在微博体系内的传播情况;"互动率"反映用户消费内容的意愿。

这样的热度计算模型是结合微博平台的特性设定的。一个普通的微博用户对热点的关注会存在不同的层次,热点触达、主动探索热点、参与热点讨论,都能够证明热点的热度。整合到数据维度上,体现为搜索热度、讨论热度、传播热度三大热度。在三大热度之外,互动率体现的是热点的质量和可消费性。

三大热度的模型实现了不同数据维度上初始的量纲转换对齐。

比如一次阅读和一次搜索,代表的关注度和参与度是不一样的,也就是行为的价值不同,这是一层转换。同时由于不同领域的热点的起源和发酵的路径不同,三大热度的表现也不同,因此在算法上实现了不同领域通道热点计算模型的差异。比如在社会热点的发酵过程中,引发用户讨论是一个很重要的能体现差异的衡量指标。在社会热点的热度计算中,用户的讨论情况受重视程度更高,在热度计算中所占的权重更高。

除了公开热搜算法,微博也公开了热搜算法之外的许多规则,比如一系列维护热搜纯洁性的措施。

"买热搜"实际上与我们大部分人印象中的"给钱就能上榜单""随便上哪个榜单位置都可以""可以买热搜也能撤热搜"并不一样。

在 2021 年 8 月的这次声明中,微博声明了热搜排序中不存在任何商业售卖位置,在热搜榜排序之外,有两个广告资源位,一个在第 3 位,一个在第 6 位。而通过这种方式"登"上热搜榜的商业广告,除了不参与排序,也会有明确的"商"字标签。同时,对于广告内容,微博官方提供了严格的审核机制和上榜规则。

热搜榜的广告资源位并不采用竞价模式,而是采用定价模式,按时段(天或小时）售卖，定价一般按照年来更新。

除此之外的几种"买热搜""刷热搜"的行为都不是官方许可的行为，并且是官方持续着力打击的行为，比如水军刷数据、明星粉丝做数据，等等。微博在公告中提到，针对上述两种行为，热搜算法中包括了严格的排水军和反垃圾机制。

2019年之前，第三方机构更多采用机器刷搜索量的方式来实现刷榜的目的。为此，热搜重点加强了搜索防刷机制。2019年之后，由于搜索防刷机制的不断升级，刷搜索量的方式已经很难实现刷榜的目的了。

同时，由于热搜算法开始全面升级，除了搜索热度，还增加了讨论热度、传播热度、互动率等维度。一些机构开始从热点传播角度入手，采用大号集中发博、水军伪造真实用户参与话题讨论的手段，试图通过刷讨论数据和刷互动数据提升热度，实现刷榜的目的。

由于热搜算法核心依赖的数据来源于微博的搜索行为、讨论行为、互动行为，传播热度依赖于微博讨论而存在，所以，针对数据造假行为，热搜算法也相应地构建了搜索行为防刷、微博讨论防刷、互动防刷三套体系，通过用户层、行为层、内容层等不同层次设定防刷策略，去除异常数据。

近年来，热搜算法采取更严格的用户过滤机制，排除刷榜营销用户和异常行为用户，防范通过低质用户伪造热度的行为，疑似垃圾用户、水军、假设备账号等异常账号都会被排除在热搜计算之外。在行为上，算法也对行为来源进行多维度特征管理，过滤疑似异常的行为日志。同时，通过热点下聚集行为的特征分析，包括用户群分布、终端系统分布、内容特征等维度，算法能识别可能存在异常热度的热点内容，对这些内容进行严格防范甚至惩罚。

防刷机制在线上持续实时计算，预防内容通过刷数据行为上榜，如果内容上榜后开始刷数据,就会触发自动防刷处罚机制。对于数据存在异常的内容和账号,平台会定期发布处罚公告,进行禁止上榜、搜索不收录等处罚。

为了保证算法能够正常发挥作用,微博热搜在话题的选择和排序上加强了人工管理,不但对热搜信息加强人工调控,而且对全部上榜热词进行人工审核。

为提升内容审核能力,微博单独设立了内容编辑中心,整体负责热搜、热门话题,包括热门微博等曝光量较大的产品,对全部上榜热词进行人工审核和判断。

经过多年的发展,微博热搜从社区搜索排行榜单产品,到社区原生热点内容榜单产品,再到现在结合了媒体新闻热点,成为一个更加综合性的热点榜单产品。"热搜是什么"其实取决于"公众需要什么样的热搜"。不管承载的内容如何转变,作为一个内容型产品,热搜一直在随着时代发展、随着大众的认知变化而成长,其本质都是希望为用户提供新鲜真实的资讯。

根据微博的反馈,接下来,微博还会朝着热搜透明化的方向做进一步的尝试。比如,针对热搜用于热度计算的几大热度指标(搜索热度、讨论热度、传播热度、互动率),直接做到实时可查询。在系统可解释的道路上,微博也在计划公布更细化的内容管理规则,进一步推动热搜机制的透明化。

第六节　算法可解释的"他山之石"

在算法可解释这一领域,国外也已经有了相当成熟的经验。

尽管也有一些平台将算法的运作逻辑广而告之,不过国外的算法可解释更多聚焦于以机器学习尤其是以深度学习为代表的 AI 技术层面的可解释,即算法可解释。

算法可解释聚焦于 AI 算法，以工具化的方式将内在运作规则呈现出来，并作为算法开发的重要机制。它与国内的将算法运作规则公开的路径一起共同构成了本章语境下的宏观的"系统可解释"。本部分尝试以通俗的语言，对算法可解释的原理、路径进行介绍。

作为促进人工智能技术快速发展变革的关键核心，机器学习是一把双刃剑。一方面，它能够帮助 AI 摆脱对人为干预和设计的依赖，凭借自身强大的数据挖掘、训练和分析能力，完成算法模型的自主学习和自我更迭，使得 AI 在学习思维上趋近于人类大脑。因此，机器学习也被认为是 AI 由弱人工智能迈向强人工智能形态的关键性因素。

但是另外一方面，机器学习又暴露出 AI 在自动化决策中的伦理问题和算法缺陷。

就像一枚硬币的两面，深度学习算法既有其先进、独特的更迭优势，又有着无法回避的难以解释性和黑箱性质。

在深度学习领域，由于人工神经网络结构所具有的复杂层级，AI 模型的输入数据与输出结果之间存在着人类无法洞悉的大量"隐层"，这也使得 AI 的工作原理难以被解释。所以，深度学习算法也被称为"黑箱"算法。这些黑箱过于复杂，不仅是普通人，即便是专家也无法理解。

黑箱的存在已经成为阻碍人类进一步理解和信任 AI，乃至在更大范围、更多领域内应用 AI 的重要因素。在这样的背景下，有许多科技公司着眼于"可解释 AI"，开展了许多探索与实践。

从技术层面理解"可解释 AI"，业界主流的框架是按照时间周期进行分类。简言之，可以分为"事前可解释性"（Ante-hoc）和"事后可解释性"

（Post-hoc）。"事前可解释性"所涵盖的算法模型又被称为"内在可解释模型"，其结构一般足够简单，可以通过观察模型本身来理解模型的预测过程。"事后可解释性"则是使用经过特殊训练的模型和数据，尝试理解为什么算法模型要进行某些预测。具体的解释方法又可分为全局可解释方法和局部可解释方法。

业界流行的大部分"可解释AI"机制与工具属于"事后可解释性"的范畴。就现状而言，谷歌、IBM、微软三家科技公司在"可解释AI"领域的实践走在前列，通过不断的创新探索出了各具特色的AI可解释性机制、工具与服务等，其中具有代表性的可解释AI产品分别为谷歌的模型卡、IBM的AI事实清单，以及微软的数据集数据清单，三者的宗旨都是实现AI算法的可解释化，但是在原理、功能及用途上有所区别。

谷歌的模型卡

围绕可解释AI的主线，谷歌采取了一系列技术举措。模型卡（Model Cards）就是谷歌于2019年推出的一项具有算法解释功能的技术，也是谷歌在"可解释AI"领域的最新实践成果之一。

模型卡是一种情景假设分析工具，作用在于能够为AI的算法运作提供一份可视化的解释文档。该文档能够为使用者所阅读，使其充分了解算法模型的运作原理和性能局限。从技术原理上看，模型卡设置的初衷是以通俗、简明、易懂的方式让人类看懂并理解算法的运作过程，其实现了两个维度的可视化：一是现实算法的基本性能机制；二是显示算法的关键限制要素。

为了更好地介绍模型卡的功能，我们以日常生活情景为例加以说明。正如我们在食用食物之前会阅读营养物质成分表，在路上行驶时会参考各种标志牌来了解道路状况，模型卡所扮演的角色便是算法的"成分表"与"标志牌"。

这反过来也提醒我们，算法在我们的工作与生活中扮演着越来越关键的角色。对待食物或驾驶尚且如此谨慎，我们却在没有完全了解算法的功能与原理的情况下就听从其安排。算法在什么条件下表现最佳？算法有盲点存在吗？如果有，又是哪些因素影响了它的运作？大部分情况下，我们对这些问题一无所知。

在某种程度上讲，人之所以无法与算法"交流"，是因为后者十分独特的复杂原理，更进一步说，这是由于人与算法或更广义的 AI 采用的是不同的"语言"。人类使用高阶语言进行思考和交流，比如我们在形容一个事物时往往会使用颜色、大小、形状等维度的形容词。算法则关注低阶要素，在它的"视阈"里，一切元素都被扁平化为数据点，方便其考察不同特征属性的权重。基于此，模型卡能够辅助 AI 用户更好地审视和理解算法的运行路径，确保 AI 用户对算法决策的知情和理解。

这项诞生于 2019 年年底的技术尚未得到大规模落地应用。但是谷歌在其主页上提供了关于模型卡应用的两个实例"人脸识别（面部检测）算法"和"对象检测算法"，以展示它的运作原理。以人脸识别为例，模型卡首先提供的是"模型描述"功能，此为人脸识别算法的基本功能。根据示例，可以看到人脸识别算法的基本功能可以解释为"输入"（照片或视频）、"输出"（检测到的每个面部及相关信息，如边界框坐标、面部标志、面部方向和置信度得分等）。

模型卡通过提供"算法成分表"的方式向研究者或使用者展示算法的基础运行原理、面对不同变量时的性能和局限所在。其实，模型卡的应用范围远不止谷歌提供的两个案例，其他算法模型也可以采用模型卡对性能进行分析及展示，比如用于语言翻译的模型卡可以提供关于行话和方言的识别差异，或者测量算法对拼写差异的识别度。

谷歌表示，模型卡的目的是帮助开发人员就使用哪种模型及如何负责任地部署它们做出更明智的决定。目前，模型卡的主要应用场景是谷歌云平台上的 Google Cloud Vision，这是谷歌推出的一款功能强大的图像识别工具，主要功能就是学习并识别图片上的内容。

谷歌利用在大型图像数据集上训练的机器学习模型，让开发人员可以通过调取 API（Application Programming Interface，应用程序接口）来进行图片分类，以及分析图片内容，包括检测对象、人脸及识别文字，等等。模型卡则为 Google Cloud Vision 面部检测和对象检测功能提供了解释文档。这些功能对于各个行业的从业人员而言都有所裨益，能够在特定使用场景下帮助人们更加全面地理解算法。

IBM 的 AI 事实清单

由 IBM 研发的"AI 事实清单"（AI Fact Sheets）是一项呈现算法模型重要特性的自动化文档功能。AI 事实清单的开发者认为，算法模型信息的标准化和公开化有助于增强不同类型的使用者对算法模型的理解和信任，并且能够避免因算法模型不透明而导致的系列问题。

正如 IBM 的研究人员利图·吉奥蒂（Ritu Jyoti）所说："通过对人工智能进行适当的管理，我们可以防止不良结果的发生，比如接受不适当或未经审核的数据的训练，或者在性能上出现意外变化，而导致模型在无意中存在的偏见。"

AI 事实清单在设计思路上同样类似于食品的营养物质成分表或者家用电

器的参数表，其功能是提供有关人工智能模型基本特征的重要信息，比如模型的目的、预期用途、模型性能、数据集，等等。根据 IBM 官方的介绍，在 IBM 的 Cloud Pak for Data 的基础上，AI 事实清单进一步完善并添加了新的功能，从而拓展了应用范围和可靠性。比如采用了更直观的用户界面，提高系统安全性及增强联合学习功能，在确保数据隐私和安全的前提下，支持基于分布式数据集的模型训练。目前，AI 事实清单能够实现以下主要功能。

（1）策略创建。AI 事实清单的策略创建功能允许使用者自定义在 AI 模型上所要采集及跟踪的信息，覆盖模型测试、训练、部署和评估等环节。它还可以判定哪些数据可以使用、哪些数据不能使用，以及哪些规定及公司政策需要考虑，也可以判定谁可以使用模型，模型可以用于什么目的及应该如何运行等。

（2）自动数据采集。一般而言，记录 AI 模型的性能需要大量的时间和资源，并且容易产生时效性差或者生成的报告根本与 AI 模型无关等问题。AI 事实清单能够帮助使用者连续、自动地采集整个 AI 生命周期中（通过策略创建功能设定）的模型事实，包括模型表现、准确性、公平性、鲁棒性和可解释性。

（3）自动报告。作为一种自动化文档功能，通过自动数据采集功能，AI 事实清单能够提供关于模型性能及其他自定义指标的实时报告，并且基于不同用户的需求量身定制并输出可解释报告。

基于不同用户的需求和喜好进行个性化定制，也是 AI 事实清单的突出特性之一。AI 事实清单收集到的信息可以因行业和用例而有所差异，最终提供的报表或视图也可以自定义。AI 事实清单机制可以为不同领域的研究者、企业家、数据科学家提供基于其特定需求的独特报告，从而能够实现跨不同级别、跨不同领域的技术专业知识协作，并且能够满足不同的透明度与合规要求。

这也为"可解释 AI"工作带来了启发，即可解释性并非铁板一块，而是取决于用户的具体需求。不同的用户群体需要不同类型的信息，比如，数据科学家和普通的算法产品用户需要的信息显然是不一样的，而不同的 AI 应用程序或用例也意味着不同的信息需求。

微软的数据集数据清单

业界当前关于"可解释 AI"的研究进展集中在数据集和模型构建两个主要环节。AI 事实清单与模型卡是综合性的可解释工具，遍布 AI 生命周期的各个环节。而微软的数据集数据清单（Datasheets for Datasets）则是主要聚焦算法训练数据集的可解释工具。

数据集数据清单就是算法训练数据集的"数据表"，也有媒体将它称为数据集的"营养物质成分表"。其真实用意在于，为每个数据集随附一个数据表，这个数据表将记录数据集的动机、组成、收集过程、推荐用途，等等。通过数据表，使用者如算法开发人员就能够了解他们所使用的数据的优势和局限性，以及防范偏见和过度拟合等问题。数据表的存在也提升了数据集的生产者和消费者对数据源进行思考的可能性："数据"并不是真理来源，而是一种需要仔细审视和维护的资源。

自数据集数据清单的原始论文发布以来，数据集数据清单在众多领域受到关注。微软、谷歌和 IBM 等都开始在内部试行数据集数据库的形式。谷歌除了发布记录机器学习信息的模型卡，还发布了数据卡（类似于数据表的轻量版本），来呈现图像数据集的相关特征；IBM 的 AI 事实清单中，事实上也包含数据集的随附数据表。

当然，数据集数据清单还需要进一步完善。比如，它并没有提供完整的方案，来解决数据集中可能存在的偏见或风险等问题。在对与人相关的数据集创建数据表时，出于社会、历史、地理、文化等原因，可能出现偏见问题，也可能出现涉及个人数据隐私保护的问题。因此，在这种情况下，需要数据表的创建者与其他领域专家展开合作，共同衡量以何种方式更好地收集数据表的相关信息，避免偏见并且尊重个人隐私。

可解释 AI：一种对话方式

"可解释 AI"并非算法模型中的某个独立环节或者某类具体工具，构建一个"可解释 AI"，往往需要介入算法模型生命周期中的各个阶段。不同的环节有不同的可解释方法，比如数据集数据清单就主要应用于数据准备阶段，关注机器学习模型训练所使用的数据集存在偏见的可能性；谷歌的模型卡则聚焦于部署和监控环节，对算法模型本身的性能表现、局限性等指标提供解释。

但是这些工具的目标都是一致的，即促成 AI 模型的可解释，将算法黑箱打开。它们促成了人类对 AI 的理解——不管是对于专业人员而言还是对于普通人而言。

对于技术人员而言，可以借助这些可解释 AI 工具来进一步了解算法的性能和局限，从而获取更好的学习数据，改善方法和模型，提高系统能力。

对于行业分析师和媒体记者而言，可以通过可解释 AI 工具了解算法，从而更容易向普通受众解释复杂技术的原理和影响。与之类似的技术思路得到更广泛的开发和应用之后，可以进一步使普通人从算法的透明性中获益。

可解释 AI 工具甚至可以帮助人们发现并减少算法偏见、算法歧视等问题。

在基于人脸识别的犯罪预测系统中,算法是否在不同人群的识别上表现一致?还是会随着肤色或区域特征的改变而产生不同的结果?模型卡可以清晰地展现这些差异,让人们清楚算法的性能及局限所在,并且鼓励技术人员在开发过程中重点考虑这些影响因素。

总而言之,以模型卡、数据集数据清单为代表的"可解释AI"更像是一种对话方式。它不仅促成了技术人员与技术人员之间的对话,也促成了专业人士与普通人的对话。

第七节　一条长路

面对来自政府与社会各界的压力与期待,国内与国外的算法可解释工作所走的路径并不相同。

国外的算法可解释工作聚焦在AI原理层面的可解释,更加产品化、机制化,将"可解释"作为算法模型设计的重要标准与环节。在确立起可解释的机制之后,算法模型生命周期的各个阶段都能够贯彻可解释原则。

国内的算法可解释工作聚焦在规则公开层面的可解释,并非狭义上的"算法可解释",而是可以归纳为更广泛意义上的"系统可解释"。在这个路径上,除了美团的配送时间算法和订单分配算法,以及微博的热搜算法,在国内的算法解释浪潮中,滴滴也推出了透明账单,即平台与司机的分成机制,美团还公布了与商家的分成比例。这些都属于系统可解释层面。

尽管路径不同,国内与国外的算法可解释工作都是围绕打开系统黑箱所做的努力。

一个平台的算法往往由一个技术团队编写完成,团队中的每位成员只负责一个个小部分，从而组成一个完整的算法系统。这个算法系统可以依托数据集实现自我迭代与优化。数据集随着用户的增加而不断更新，而拥有千万甚至亿级用户的平台就会有着非常复杂的数据集，因此算法系统也会迭代得更加复杂，并且越来越不受人工控制。

其结果就是算法工程师本人可能都无法解释整个算法系统的全貌，公众和监管部门就更加难以理解其工作原理，更不用说判断算法系统是否存在程序编写或者机器学习的歧视、偏见、杀熟、隐私侵犯等问题了。即便通过模型卡等可解释工具来解释算法系统，对于不了解技术原理的普通用户来说，仍然存在很高的理解门槛。

国内的算法可解释正在稳步推进。目前，国内公司公开算法规则的举措更多是为了回应社会对平台的关切。未来，围绕算法公开问题，除了要展开更大范围的算法规则公开，还应该进一步引入工具化的客观标准，让系统运作更加透明。

不少公司已经开始进行系统规则公开的工作，有些公司的起步还很早。比如，一些互联网公司公开算法的源代码与技术细节，但是这种公开对于非专业公众与监管部门来说，难以具备实际参考价值。所以，美团公开其两种算法、微博公开其热搜算法的做法，实际上代表着另外一种算法公开方式——以普通人容易理解的方式解释算法。

不管是公布配送时间算法和订单分配算法还是公布热搜算法，这种算法公开方式的好处是明白易懂，但是也存在很多的模糊地带。以配送时间算法为例，配送路线的系统导航是否合理、骑手看到的要求送达时间与用户看到的预估到达时间是否一致、商家出餐慢或消费者不合理要求造成的后果是否由骑手承担等问题依然隐藏在算法黑箱中。

系统的透明化无法一蹴而就，需要一个漫长的过程。尤其是可能关系到平台核心商业利益的算法系统一旦公开，很可能会被别有用心的"黑灰产"①或竞争对手恶意利用，进行不法操作。

比如，谷歌在 2016 年放弃其早期引以为傲的 Page Rank 算法后，便再也没有明确地公示过其搜索引擎的排序算法。因为搜索引擎的排序算法一旦公开，就总是会面临海量的搜索引擎优化产业的"攻击"，使其背离最初的目的——为用户找到更相关的内容。

除此之外，许多算法属于商业机密的范畴，受到各类公司法和知识产权法保护。如何平衡好商业利益、系统安全，并在此背景下最大限度地公开算法，是算法可解释工作下一步要关注的重点。

培养公众的算法素养也是算法可解释工作需要展开的重要内容。当算法成为我们日常生活中常见的一种"语言"，能够读懂、理解它的原理，就是新生代公众需要学习的技能和本领。

---

① 黑灰产，是指电信诈骗、钓鱼网站、计算机病毒、黑客勒索等利用网络开展违法犯罪活动的行为，有时也指代从事这些行为的组织或个人。

第五章
内容社区治理的算法侧面

第五章 内容社区治理的算法侧面

传记作家斯蒂芬·茨维格（Stefan Zweig）在其作品《断头王后：玛丽·安托瓦内特传》（*Marie Antoinette：Bildnis eines mittleren*）中留下了一句脍炙人口的名言："所有命运赠送的礼物，早已在暗中标好了价格。"

茨维格用这句话来评价奥地利公主玛丽·安托瓦内特的一生。她14岁成为法国太子妃，18岁成为法国王后，此后却整日沉迷于举办宴会、建造宫殿、夜夜笙歌，生活极为奢靡腐败。20年后，安托瓦内特被革命者送上断头台，后人因此称其为"断头王后"。

茨维格在她的传记中写下的这句话，意在强调，人生中获得的一切都是需要付出努力的，即便能够轻易得到一些馈赠，最终也要为此付出代价。

这句久远的箴言与现实遥相呼应了起来。

在过去的2021年，对于内容社区来说，也正在经历着同样的命运。它们曾经借助算法的力量快速崛起，却也因为算法的运用而产生了新的社区治理问题。这些问题不同于谣言、虚假信息、色情广告信息等传统治理难点，而是由算法本身的特性引发的新的问题。这是内容社区治理的算法侧面，同时也是算法时代越来越需要关注的重点。

第一节 算法的正面，算法的反面

在互联网平台时代，从现实空间到虚拟场域，无数行业、领域和平台都受算法的节制。

对于内容社区来说，算法将成千上万的创作者、社区用户与广告主组织在一起，实体的人与内容同被摊平为"数据"这一维度。在算法的作用下，内容行业链条的各个齿轮之间紧密咬合，一切都在看似井然有序地运转。

内容社区之所以比其他平台更需要算法，原因就在于它涉及海量内容、创作者、用户和广告主。以国外视频网站 YouTube 为例，月活跃用户数超过 20 亿，每分钟有超过 400 小时的内容被上传；仅仅在 24 小时之内，平台上的视频就能实现 10 亿次播放量。如果没有机器学习，难以想象如此体量的平台将如何运行。

成千上万的创作者创造了成千上万的内容，这些内容需要"连接"到数量更为庞大的用户群体。广告主看重社区的内容与流量价值，选择在社区投放广告，而这些广告也要在亿万受众中"连接"到最为合适的那一小部分用户。因此，内容社区需要算法，是因为算法显著提高了这些环节的连接效率。如果没有算法，以 YouTube 为代表的平台根本无法达到这么大的体量与规模；反过来表述也同样成立：算法成就了超级平台。

因为算法的存在，平台和创作者能够通过数据反馈捕捉到最新的内容流行趋势和受众喜好，以此确定自己的创作原则，生产受算法喜爱实际上也是受用户喜爱的"定制化内容"。

对于用户来说，算法甚至比他们更了解他们自己。打开一个 App，只需要有限的互动次数，算法就能把握用户的兴趣和品位，准确地为他们推荐他们感兴趣的内容，从而实现节省时间、优化使用体验的效果。

广告主也看重算法的价值。他们追求广告投放的效果，而高水平的算法能够使其投放行为变得精准，在有限的展示次数内使投放内容快速触达目标用户，完成业务指标。与传统的投放方式相比，投放预算的每一分钱的消耗与流向都有数据可依。

因为这些正面价值的存在，算法已经不单纯是算法，而成为一种"时代的解法"。当前，还活跃在公众视野内的国内外内容社区，无一不使用算法作为底层运作框架。

问题在于，算法对内容社区的影响绝不仅仅是技术维度的一种介入，而是塑造社区形态的基础。

加拿大媒介学者伊尼斯提出过"媒介偏向论"理念，其核心思想在于，所有媒介技术都有自身的偏向：时间偏向、空间偏向或者其他维度的偏向。这些偏向的存在会影响媒介作用的施展，进而改变受此媒介影响的社会领域的基本样貌。

作为一种技术类型，算法也有着自身的偏向。在算法发挥作用的过程中，这些偏向形成了前文中所描述的好的方面，但也形成了一些不好的方面。

显然，算法解决了效率的问题。但是它对效率的追崇是以将实体处理成扁平化的数据维度为代价的，这种转换有时十分简单粗暴，一个真实存在、爱好广泛的个体有时会被抽象成算法设计者设定的几个标签，存在于算法的运作逻辑之中。

复杂的现实世界与真实的个人真的能被算法完整、准确地概括吗？答案显然是否定的。如同中国人民大学教授彭兰在其论文中提到的，算法终归是一种认知模型，是对现实世界的一种抽象和简化。[1]很多时候，它只是反映了典型的对象，而不是事物的全部。当抽象性的算法碰上多样化的真实世界时，难免出现不和谐的现象，毕竟并非所有领域都能够通过数据来描绘和计算。

对抽象化能力的质疑直接动摇了算法推荐准确性的根基，毕竟算法推荐

---

[1] 彭兰. 算法社会的"囚徒"风险[J]. 全球传媒学刊，2021（1）.

存在的前提就是抽象化。

算法的另一缺陷同样源于其本身的运作机制，并且长期以来饱受诟病，那就是算法引发的"信息茧房"效应。对于内容社区来说，算法的目标是把内容推荐给可能对它感兴趣的用户。且不说其对用户标签化和对用户兴趣的猜测是否准确，更大的问题是，如果只给用户推荐感兴趣或观点相近的内容而不给用户推荐与之立场相左的信息，算法会不会营造一个"茧房"，将用户心智牢牢地包裹在内？

这就是"信息茧房"理论所担心的。这一理论由美国政治学者凯斯·R. 桑斯坦（Cass R. Sunstein）提出，该理论提出时间较早，在当下面临一些适应性问题，但学界也没有对其负面效应形成定论。不可否认的是，"信息茧房"关注的信息源单一问题及其负面影响确实存在。从社区治理的角度看，信息茧房或许是一个好事。因为不同观点的受众"各居其所"，反而会减少观点的冲突，有利于社区的稳定。但是这一定就是好事吗？其实不然，我们将在下文中讨论这个问题。

算法可能带来的第三个负面效应体现为：算法黑箱的存在导致用户及创作者对内容社区操纵算法的质疑。关于算法黑箱的问题，本书在第四章中已经有所讨论。具体到内容社区，算法黑箱使用户不知道为什么会给自己推荐某一类型内容，而不推荐其他类型内容，这种推荐行为背后到底有什么逻辑和考量，更是不得而知；社区内容创作者不理解自己的内容为何会被算法推荐，也不理解自己的内容又为何无法得到推荐甚至被删除。对于这些主体的疑惑，平台的回应往往是"一面之词"，并冠以算法的名义。

在这种黑箱机制的庇护下，社区就拥有了"操纵"算法的可能性。这并不是无依据的揣测。2021年发生的一系列事件已经印证了这种猜测，很多时候并非算法出现了问题，而是平台自主选择的结果。

2021年9月以来，Facebook前员工弗朗西斯·豪根（Frances Haugen）

向媒体揭发了 Facebook 在算法操纵上的主观恶意。豪根还在美国国会、欧盟议会组织的听证会上作证，并且曝光了内部算法文件。

根据曝光的文件可知，在利益的驱使之下，Facebook "为了获取利润无视公共安全"，并且罔顾算法的负面影响，拒绝了可能的解决方案，甚至还"故意展示争议性内容以获取流量"。Facebook 平台大概只对 3%～5% 的仇恨言论及 60% 的暴力、煽动性言论进行管控。

Facebook 之所以会放纵负面内容，原因在于越是煽动性的、令人愤怒的内容越能够增强用户黏性，网民阅读这些内容所产生的愤怒情绪越多，互动、点击的相关行为就越多，而这些与 Facebook 的收益直接相关。

除此之外，豪根透露的公司内部文件还显示，Facebook 旗下的 Instagram 的算法机制加剧了儿童自残、自厌及自杀的倾向，并引发了青少年进食障碍、焦虑等心理问题。Facebook 明知这些问题存在，也进行了相关的调查和研究，但是对研究结果和应对措施一直秘而不宣。

Facebook 相关事件暴露出的问题是，如果内容社区算法运作机制不够透明，确实会带来不良后果。

显然，内容社区通过算法获得了巨大的成功，但是它们在不断推进算法化进程的同时，却没有将"可解释"的工作做到位，比如算法运作机制、关键数据的可解释，等等。黑箱特性的存在成为用户、创作者等参与者对社区产生不信任情绪的导火索。

第二节　算法给内容社区生态带来了什么

上一节解读了算法的正面和算法的负面，当算法被应用于一个在线内容社区的运营实践时，又会对社区生态带来哪些显著的影响？

本节将这些影响概括为以下 3 个方面：区隔社区生态、影响社区内容的品位与走向，以及淡化人与人之间的连接。在国内外内容社区的运营实践中，这些问题有的已经显现出来，并且社区采取了相应的治理措施；也有些问题还未引起广泛注意，影响却同样深远。

区隔社区生态

算法对社区生态带来的第一个显著影响就是社区生态的区隔化。

算法赋予了每个用户不同的标签。进一步地，不同标签属性的用户被区隔在不同的"规制区域"。我们可以把内容社区想象成一个大洲，而不同标签属性的用户就被划分在不同的国度：读书爱好者在"读书国度"，美食爱好者在"美食国度"和"探店①国度"，运动爱好者在"运动国度"……如果继续细化，"运动国度"又可以细分为"篮球省"、"足球省"和"羽毛球省"……

有些用户可能横跨多个"国度"和"地区"，但整体而言，大部分人只能看到自己感兴趣的领域，却看不到他人的世界。一个信息流里满是时尚元素的用户，也就很难想象另外一个人的手机上都是历史类的内容。

从社区治理的角度出发，这或许是一种很理想的模式，不同标签的用户——新用户、老用户、男性用户、女性用户——每个人"各居其所"，不会因为领域、观念、视野差异过大而发生直接冲突，破坏社区氛围。但是，目光总会有越过围墙的那一刻。一旦用户发现社区还存在着完全不同于自己的"认知基模"的样貌时，冲突和矛盾便可能发生。

2021年下半年，小红书遭遇了一起危机事件。事件本身很好理解，小红书上有许多晒景打卡的分享内容，这些内容大多由用户的几段体验文字和几张构图精巧、滤镜精美的图片构成。许多用户会根据内容指引前往实地，勘

---

① 探店，网络流行语，是指人们根据掌握的信息，对线下某个实体店铺的产品、环境及服务特色进行考察的行为。一般情况下，人们会根据自己的体验对该店进行线上点评。

访实景并打卡，但是他们往往发现这些景点并不像小红书上分享的那般美好，甚至可以说是严重不符。于是，质疑声越来越多，终于在2021年下半年酿成了一起舆论事件，又被称为小红书的"滤镜事件"。

促成"滤镜事件"发生的因素可能有很多，但是细究其本质，其实就是用户群体对小红书作为内容社区的定位产生了不同的理解，因此有着不同的心理预期。比如，有的用户以"Slogan"的标签理解小红书的定位，即"标记美好生活"，他们将平台当成开放版的朋友圈，把生活中的美好一面筛选出来，再加以修饰美化，上传到平台上与关注者共享。

但是也有一部分用户，他们认为小红书是一个"种草"①的平台，类似于供人们参考、选择吃喝玩乐方式的"大众点评"App或者引导人们购物的"什么值得买"App："我在这个社区上看到的景点，可不只是看看而已，是真的会跑去打卡的"。这种心理预期其实更接近小红书的原生定位，即"种草社区"。2013年上线之初，小红书就以境外购物指南分享为主，而后通过发布购物体验内容沉淀了大量用户，可以说，"种草"已经深入小红书的社区基因，这也是很大一部分用户对小红书的内容期待。

当这两种不同的观念碰撞在一起，"滤镜事件"就发生了。这是区隔社区生态的典型后果。

算法在整个社区生态中发挥着培养认知的作用。不同需求的用户来到一个内容社区，他们会有自己的使用习惯，但大多数逃不过在社区算法的推荐下看到符合自身认知的内容的规则，长此以往，他们对社区定位和内容生态的认知及心理预期便会巩固、强化。

大多数情况下，持有不同"认知基模"的用户会相安无事，但是遇到代表性事件时，认知上的冲突会不可避免地发生碰撞。在"滤镜事件"中，有

---

① 种草，网络流行语，本义指播种草种子或栽植草的幼苗，后指专门给别人推荐好货以使人购买的行为。

人把小红书当作打卡指引社区，有人把小红书当作图片分享平台。这些不同的认知，在算法的保护之下共存得非常好。但是遇到特定情况，不同认知的矛盾和张力就会清晰地显现出来。

播客"二维吾码"就此事件如此评论："面对小红书这个月活过亿的平台，不同的用户似乎有着不同的期待和使用方法。不同的用户对平台不同的期许，在这次事件中形成了不同的观点，甚至构成了这次冲突本身。"[①]

这一事件说明算法区隔不是绝对严密的，正如前文所说，目光总会有越过围墙的那一刻，被分隔在不同区域的人总会看到另一个区域的景色。但是每个人又都会觉得，他们自己长期看到的那个世界才是真实的世界。文化人类学的基本观点认为，不同民族的文化是在相对比较中产生的，但是这种比较最先带来的不是理解与认同，而是冲突和矛盾。所以，不同世界中的人一旦产生交集，便会发生碰撞。

况且，对于平台的定位是什么，很多时候平台自身都没能形成统一的认知。在用户和创作者侧，算法进一步加剧了这样的分裂，导致社区生态的区隔，以及社区参与者在社区定位方面的认知混乱。这不仅是小红书一家平台的问题，所有有着"明确标签"且用户群体不断走向泛化的内容社区都会面临类似的难题。

影响社区内容的品位与走向

现如今，内容社区的算法推荐往往与流量资源分配直接相关，对于创作者来说，自己创作的内容只有符合算法推荐的标准才能被更多人看到；反之，如果这些内容没有被算法识别，曝光和流量就会远低于预期。

[①] 出自播客"二维吾码"2021年11月9日的评论"从'景点照骗'事件，聊聊月活过亿小红书的用户价值"。

这一现状就意味着，创作者只懂内容创作已经不够了。在内容创作之外，他们还需要将很大一部分精力分配到研究平台规则和算法逻辑上，同时让自己的内容契合这些规则和逻辑。2022 年 2 月 12 日，自媒体"北方公园 North Park"的主理人木村拓周在一条微博里写道：

"放在今日所谓内容生产者面前的就这两条路，要么向上适应平台规则，获得系统的承认，以此换取基本的流量分配，以及祈祷'初期数据足够好以便能进一步击中推荐逻辑'的权利；要么你就别干了。"

算法对于流量分配的话语权，意味着它对社区内容的质量有较强的主导权。这进一步造成了一个现实：算法在塑造社区内容的品位和走向。

其实这是一种"棘轮效应"。算法以传播数据作为标准，从社区创作者发布的内容中识别传播效果最好的部分内容，将其投入更大的流量分配池中。创作者的作品要接受算法的"审视"，符合标准的通过，不符合标准的不得通过。

为了获得更大范围的曝光度，创作者要使内容不断趋近算法的标准，生产符合算法品位的内容。从供给层面，这些内容逐渐成为算法数据库最主要的类型，进一步使得算法更加认可这种类型的内容，并在后续的识别、推荐流程中赋予同类型内容更高的关注度和权重。反复循环之下，算法对内容的"影响棘轮"就这样形成了。

其中会涉及两方面的问题。一方面的问题是算法规则层面的改动具备"蝴蝶效应"。对于内容社区来说，算法规则层面的微小改动都会引起社区内容生态的巨大改变。另一方面的问题是"算法黑箱"。对于大部分创作者和用户来说，算法宛如一个黑箱般的存在。推荐规则是什么？不予推荐的理由是什么？这些操作细则都不是很清晰。尽管内容平台有时也会对自身的算法运作机制做出解释，但是有所行动的内容平台数量仍然很少，而且既有的解释相对于人们关注或质疑的部分来说也是"杯水车薪"。

随着社区用户量级越来越大，具备创作能力的创作者数量和他们所产出的内容规模也在快速增长，如何使内容被准确推荐给相关受众，成为内容社区需要尽早厘清的问题。以国内视频平台 bilibili（B 站）为例，其月活跃用户数量达到 1.97 亿，活跃 UP 主数量则达到了 170 万（B 站 2020 年第三季度财报数据）。对于 170 万活跃 UP 主中的绝大部分来说，他们只能把辛苦创作的视频上传到平台，之后视频的流转命运如何只能够交由算法来决定。

当然这种无力感并不是所有创作者都有的。小个体创作者并非团队化作业，也并非全职投入视频制作，在竞争生态中，他们在创作内容之余很难有额外的精力去研究平台规则和算法逻辑，并让自己的内容契合这些规则和逻辑。这在很大程度上是因为目前的平台没有配置一个成熟的数据平台，此前 B 站 UP 主 "Jannchie 见齐"曾创建了免费的 "BiliOB 观测者"数据平台，帮助 UP 主们了解平台热门内容趋势及数据来辅助创作。但是这一数据平台因收到 B 站的侵权告知函而停止运营。

还有一部分创作者，他们加入 MCN 机构或组成团队，创作更加专业化。在团队化作业中，每个人分工明确——出镜、创作、拍摄、运营，也因此有更多的精力投入对算法的研究，从而能使创作的内容有机会获得更高的推荐权重。

相对于有限的流量分配，创作者与创作内容的量级快速增长致使社区创作者处在"零和博弈"的竞争模式中。而团队化作业的创作者因为自身优势，更容易在竞争中胜出。这使得内容社区的创作门槛不断被抬高，MCN 化和机构化几乎是内容社区头部创作者的必然归宿。

头部创作者作为算法分配中的受益方，其创作自由度得以拓宽，并拥有足够的试错成本来探寻算法的"兴趣边界"。反过来，他们对算法规则又有着极高的话语权，换言之，他们能够定义什么是"流行"——在有了足够大的粉丝基数后，通过生产自己擅长或想要生产的内容，可以尝试影响内容社区的主流内容风格,虽然这种尝试依旧是在算法的规则之下进行的,但是也能够逐渐影响算法。

同样以 B 站为例,不管是在算法推荐还是在编辑人工筛选的结果中,头部 UP 主都能得到更高的权重。因为"在算法能力有限的情况下,为了降低人工编辑的筛选成本,以及快速提升内容的'普适性',算法会优先让头部 UP 主的内容进入编辑筛选池"。根据自媒体"靠谱二次元"的统计,从 B 站各分区的视频内容来看,B 站的头部化趋势越来越明显,各个分区排行榜正被以百大 UP 主为核心的头部创作者占据:

"从各分区排行榜百大 UP 主的上榜情况来看,游戏、生活、美食、时尚的 Top3 时常被历史百大 UP 主们包揽。"

平台推荐资源向头部创作者聚集,在这样的趋势中,头部创作者之下的大部分普通创作者要么剑走偏锋,通过选题差异度和个体特色来赢取受众,要么充分契合算法,甚至钻规则的漏洞。

但是对于品位已经固化或者说具有"普适性"的内容类型已经深入人心的社区,这样的尝试很难脱颖而出,更重要的是难以持续。而其他不愿籍籍无名的创作者,多数成了头部创作者的模仿者。"排行榜前列的作品,要么是百大 UP 主创作,要么是根据百大 UP 主创作内容的'再创造'。""靠谱二次元"在报道中写道。模仿式的"传承"方式进一步固化了社区的内容类型。

算法更青睐头部创作者,这是所有内容社区的现状。知乎用户"江寒的号"曾在其知乎专栏中提到,知乎平台算法表现出"威尔逊公式"的特点,即算法会倾向个人内容搜索排名靠前的大 V,这些大 V 的回答会更靠前,他们的点赞与反对也有更高的权重。显然,这样的设置是出于保证内容专业、优质,以及提升用户留存的考量,但是作为结果,算法和头部创作者的"合谋"关系,决定了整个社区内容的走向和水平上限。

内容社区发展伊始,整个社区的内容方向是由全体创作者来共同探索的,内容的边界、走向、水平上限被不断拓宽。但是在关注度发生分化之后，算法的存在产生了马太效应，头部创作者对社区内容的定义权越来越大，而其他创作者出圈的可能性则越来越小。此时，社区的内容质量不再是群策群力的结果，而是由一小撮人的创意上限决定的。尽管头部创作者创作能力突出，但是由于运营压力，他们也有自身创作的保守性，对社区内容的水平上限和创新的推动力远比想象中要弱。

对于内容社区来说，这或许不是一件好事。算法推动的头部化趋势致使普通创作者越来越难以显露头角。当资源、粉丝越来越多地聚集到头部创作者那里时，他们被其他平台挖走的可能性便会越来越高，而且他们流失后对原平台的影响也就越来越大。

无论如何，算法对社区内容越来越显著的影响与规制力，已经成了不可忽视的现实。

淡化人与人之间的连接

平台时代的特质就是连接。不管是什么类型的互联网平台，其本质都是多边市场的连接者和匹配者。内容社区连接了用户、创作者和广告主。在过去，这些主体通过内容和数据连接，直到算法成为统合平台的逻辑，主体间的连接被逐渐淡化了。

内容通过算法流动，而非通过订阅链条获取，实际上割裂了内容创作者与订阅者的联系。在有算法之前，内容创作者新创作的内容发布后，出现在用户的时间线中。但是有了算法之后，所有内容在流向用户之前，都需要经过算法的判断与审视，只有符合算法标准的内容才会优先出现在用户的信息流中，而那些不符合算法标准的内容，将被排在信息流末位，不会得到进一步传播。

过往内容消费者（受众）与内容提供者（创作者）的连接现在变成了"以

"算法为中介"的连接。作为结果，算法最先削弱的就是创作者的话语权。他们此前积累的订阅数，在算法出现之后，彻底变成了"数字"。内容的呈现量、点赞数、互动数不再与粉丝数量呈现正相关，这导致了一种非常奇特的现象：动辄几百万粉丝的博主，日常发布的内容可能只有个位数的点赞。

在以创作者为中心的内容分发模式中，创作者对自己的粉丝拥有绝对约束，双方的连接十分紧密，以至于粉丝对创作者的忠诚度逐渐成为平台权威被削弱的源头。处于优势地位的创作者能够越过平台，从用户侧反复收取流量红利，进行影响力变现。这会影响内容生产和创新的积极性，对于平台的外部竞争力也是一种削弱。这显然不是内容社区想要看到的。算法是社区强中心化趋势的体现，它将内容的分发权从创作者手里收回，粉丝已经不再属于创作者。

实际上现在很少有内容社区的粉丝是完全属于创作者的，我们熟知的几乎所有内容社区都采用了算法推荐的模式。借助算法，平台能够从自身利益角度对流量进行调配，进而孵化、扶持自己的"大V"。这显然是极好的选择。

以知乎为例，它曾经高度重视创作者与用户之间的关系，长期采用以创作者为核心的内容分发策略，重视订阅，并且以时间顺序呈现内容。这样的模式让许多热爱思考与分享的创作者涌现出来，也让"大V"成为知乎最显著的标签。

但是近几年来，知乎越来越重视算法的应用。算法推荐内容被越来越多地放在重要的位置。2021年12月，"知乎"App首页只有3个屏，主屏是"推荐"页面，左滑是"视频"页面，右滑是"热榜"页面。[①]用户关注对象的内容更新、赞同、转发等信息则被挤在单独的二级页面，需要点击下方边栏的"动态"按钮才能进入。

"推荐"页面呈现的是算法推荐的内容，它占据了知乎首页的核心位置。

---

① 编者注：2022年6月，在新改版的知乎中，"视频"已被替换为"想法"，"热榜"位置没有变化，主屏仍然是"推荐"页。

作为对比，此前在这一位置的是"关注"页面，用户打开 App 后能够第一时间获取关注对象新创作的内容和点赞、转发的内容。通过系列改版，知乎主动削弱了创作者和订阅者之间的联系。

自媒体"三节课"的一篇文章这样评价算法带来的变化："算法不再是一种创作者与用户之间的单一的依附性联系，而是一种基于主观现实的客观模型。"算法替代了以创作者为中心的关系连接，而将信息的流通推向第一位，创作者不再被推向前台，而是隐于幕后。换句话说，创作者的个人标签与特色不再重要，内容是否契合算法规则、是否会被算法推荐才是重中之重。

对于用户来说，这似乎是一种解放，因为用户摆脱了与创作者的情感绑定，摆脱了人工筛选可能存在的视角局限，从而可以尽情消费自己感兴趣的、海量的内容。但是反过来看，人与人连接的优势也被算法削弱了。

对于创作者而言，他们的创作模式从过往的"面向受众写作"演变成"面向算法写作"。内容"水化"的趋势由此而来，进一步冲击了社区氛围。一个趋势在知乎尤为明显，过往在垂直领域深耕的大V已经不再多见，他们中的大部分转为了综合性大V，他们的回答中关于社会热点话题的比例越来越高，因为此类话题更容易被算法推荐，帮助他们获得流量。

对于平台来说这也可能是一种损失，过去基于情感依托的紧密联系其实同样能够建立起用户对平台的忠诚度。但是这层联系被削弱之后，面对同质化的内容，用户在不同平台之间的流动不再有羁绊——变得更频繁了。

第三节 内容社区的努力方向

内容社区的努力方向是选择算法还是选择人工？二者各有千秋，但现实是，天平正慢慢地向算法一侧倾斜。

二者的纠缠与纷争依旧是内容社区在实践中始终需要思考的话题。如何与算法共处也已经成为内容社区必须厘清的问题。

在算法主导已经成为常态的这几年,享受过算法红利之后的内容社区开始逐渐发现算法存在的问题,并且在尽全力解决。当然,内容社区努力的程度不尽相同,有的内容社区还没有意识到这些问题,也有许多内容社区已经意识到了这些问题,并且采取了行动。

不同的内容社区也有不同的解法。比如,小红书在经历了"滤镜事件"之后,致力于优化算法的检索结果。小红书面临的问题是随着用户泛化,不同用户群体对社区的印象和心理预期不一致。小红书的计划是推出社区内容热榜,对内容流行趋势进行呈现。这是一种引导的方式,帮助用户了解社区内其他用户在消费什么、关心什么,从而生成对社区的整体印象。

除此之外,小红书也计划通过优化算法的方式来改善搜索页面的呈现结果。此前在治理炫富拜金笔记的行动中,小红书也通过升级算法,提升了识别炫富类内容的准确性和识别后的召回能力。解铃还须系铃人,算法的问题可能还得通过算法来解决。

对于算法不透明的问题,许多内容社区开始面向用户和创作者,更大程度地公开社区内容推荐算法的逻辑,从而让不同主体更加了解算法运作的规则。比如,本书第四章第五节"微博:公布热搜算法"中提到的实践,就为内容社区的算法公开提供了一个可以参考的正面案例。

知乎也通过官方账号"知一声"多次进行知乎社区治理规则的公开与解读。通过这个账号,平台向社区用户和创作者传递治理规则和治理行动的详情,以及社区在相关机制和功能方面的升级,并定期向创作者传达社区鼓励的优秀内容类型。目前,"知一声"已经成为知乎官方重要的发声渠道,也是知乎官方与创作者、用户沟通的有效手段。

可解释是一个很宽广的领域,不仅仅包含算法可解释,也包括规则、机制方面的可解释。对于社区治理来说,它很可能是社区得以打开黑箱、澄清误解、团结创作者和用户的一个基础方法论。

由于算法是内容社区治理中此前较少有人讨论但显然越来越重要的一环,本章选择对"内容社区治理的算法侧面"进行解读。对于内容社区治理来说,更多的问题并非算法运作导致,而是社区中本来就存在的谣言、虚假信息、色情信息、饭圈治理、未成年人保护、个人信息保护等典型的争议话题。对于这些问题,需要引入"人治"的维度,采取管理引导、审核排查、专项行动、体系机制建设等方式,同时引入"技术"的维度,实施人工与机器双管齐下的策略,最终实现有效治理。这是一个经典议题,本章不做过多延伸。

对于算法和内容社区的辩证关系,我们想保留一种开放式的结尾。这在很大程度上是因为对算法问题的解决并没有定论,相反,它仍处在过程中。始终有问题被厘清、被解决,也始终有新的问题出现,并带来新的甚至是更大的困惑。兵来将挡,水来土掩。在运营实践中,培养不断发现问题、不断解决问题、善用算法、优化算法的能力,才是内容社区对待算法的正确态度。

本章重点分析了内容社区治理的算法侧面存在的问题,并呈现了内容社区为解决这些问题而进行的努力。不可否认的是,算法为内容社区带来了前所未有的冲击与活力。它以前所未有的效率使海量主体得以连接,从而促成了体量巨大、生态丰富的内容社区的涌现。

算法不仅影响现在,也将影响未来,这不只是对于内容社区而言的,更是对于广义范围的人类思想文化领域而言的。为了能够更多地发挥算法的正面价值,同时避免它的负面效应侵蚀社会文化、价值观、个体思想,我们需要更谨慎地使用、更审慎地思考、更努力地探索它。

在享受过算法红利之后,现在到了反思的时刻了。

致谢与尾声

比起致谢，首先似乎应当"致歉"。

许多受访对象，可能直到书稿出版才会发现，他们的故事被放在了竞品的上文或下文，与他们在商业意义上的竞争对手一起组成了群像。

腾讯研究院"科技向善"议题研究已经来到了第5个年头。其间，新冠肺炎疫情冲击、地缘政治冲突加剧、互联网行业红利减少、"系统"失衡、老龄化加剧等巨变让全球民众逐渐从21世纪前20年的金色梦乡中醒来。

在这个过程中，多种因素的变化使"科技向善"逐渐从一个边缘议题变成全行业关注的焦点。除了商业价值，如何让科技更好地为社会和社会上的每个人服务，无疑成了下一个十年科技行业和行业内从业者最需要思考的话题。

在经历了40多年的改革开放后，中国的商业蓬勃发展，而社会价值创新则刚刚起步。特别是全球互联网行业高歌猛进发展20多年后，人们对数字技术的了解也更进一步——科技有光明、进步的一面，也布满未知的深渊。在腾讯研究院对"科技向善"议题展开研究的早期，一直困扰我们的一个问题是：在"科技向善"中，何为"善"？

"善"太难定义了，因为对于不同收入水平、文化程度、利益关系的人，以及不同的企业、社会组织和政府机构来说，"善"可能有着完全不同的意义。一些人对"善"的定义可能与其他人截然相反。"善"也总是以不同的形态出现，比如一个产品、一个功能、一项规则，或者一段文案。

但是后来，我们意识到这似乎并不是一个真正的问题。因为在此前中国的商业社会中，"善"或社会价值往往不是衡量企业好坏的首选标准。所以，无论以何种维度与标准定义"善"，只要一个企业愿意在它所认可的"善"的维度上迈出一步，就是好的。

这就好比当人站在北极点时，向任何一个方向迈出一步，都是在向南方出发。

因此，从《科技向善：大科技时代的最优选》开始，我们决定将那些在商业层面上有竞争关系的企业案例纳入书中。

这些曾在纯粹的商业世界中有过激烈竞争的实体，此刻正在一个名为"社会价值创新"的全新领域合力创新。而全新领域的创新并不总是意味着高回报，同时也意味着高成本与高风险。

在本书出版的时间节点，本书中的任何一个案例或模式都不一定是其所要解决的社会问题的最佳答案。因为创新从来就不是一蹴而就，而是漫长且残酷的大浪淘沙。在十年后回看本书，它们中的一些可能会失败，或是被更好的改进方案替代。

这也意味着对于这些勇于在现阶段迈出"科技向善"第一步的先行者来说，彼此不存在根本上的利益冲突。他们有着共同的理想与目标，即证明社会价值创造在未来的商业社会中不是配角，而是与商业价值创造一样，是重要的主线叙事。

在这里，特别感谢北京市红丹丹视障文化服务中心技术总监王伟力和执行主任曾鑫，优酷高级无线开发专家刘洋和李奎，北京城市象限科技有限公司创始人茅明睿，百度科技与社会研究中心主任杜军，微博公司及微博热搜团队，小红书行业传播负责人汪喆等不同外部机构及企业同僚在本书采访、调研阶段的大力支持。

除此之外，还要特别感谢小米公司企业社会责任经理、"技术向善"议题发起人朱汐，以及长江商学院社会创新与商业向善研究中心主任朱睿对本书思考框架及写作的指导。

我们对"科技向善"与社会价值创造的关注不会停止，也希望能在开拓这一新方向的道路上遇到更多的同行者。

如果您对本书有任何建议，或愿与我们交流相关主题，欢迎通过电子邮件联系我们：tencentresearch@tencent.com。

王健飞
2022 年 3 月 10 日